U0922039

薇薇／著

爱情练习题

青岛出版社
QINGDAO PUBLISHING HOUSE

图书在版编目（CIP）数据

爱情练习题 / 薇薇著. -- 青岛 : 青岛出版社, 2013.5
ISBN 978-7-5436-9435-4

Ⅰ. ①爱… Ⅱ. ①薇… Ⅲ. ①爱情－通俗读物 Ⅳ. ①C913.1-49

中国版本图书馆CIP数据核字(2013)第123346号

本书由“台湾凯特文化创意股份有限公司”授权出版

山东省版权局著作权合同登记号 图字：15-2013-92

书　　名 爱情练习题
作　　者 薇　薇
出版发行 青岛出版社
社　　址 青岛市海尔路182号（266061）
本社网址 http://www.qdpub.com
邮购电话 010-85787680-8015　13335059110
0532-85814750（传真）　0532-68068026
责任编辑 刘耀辉　**E-mail**：liuyaohui0532@126.com
特约编辑 王智梅
封面设计 上尚设计
版式设计 刘珍珍
印　　刷 三河市航远印刷有限公司
出版日期 2013年7月第1版　2013年7月第1次印刷
开　　本 32开（880mm×1230mm）
印　　张 7.5
字　　数 80千
书　　号 ISBN 978-7-5436-9435-4
定　　价 32.00元

编校质量、盗版监督服务电话　4006532017　0532-68068670
青岛版图书售后如发现质量问题，请寄回青岛出版社出版印务部调换。
电话：010-85787680-8015　0532-68068629

序 谈情说爱，爱的练习

从第一本书《分手，没有想象中的痛》到这本最新的《爱情练习题》，在出书之外的时间，我都一直在博客上与网友分享爱的故事。也因为得到了许多人的回应，得知有些文章获得大家的喜爱，对于每一次的书写，我才能更有信心。因为我知道，有更多需要得到爱的肯定的朋友，就像我当初希望能在爱的汪洋中找寻安全上岸的感觉一样。

再把时间倒推回几年前初次在网络分享文章的时候，虽然也没什么波折地过了这些年，但我发现，爱的课题永远不变，每个人都需要在爱的世界里演练一道又一道的习题。有时我们需要学习冷静，有时需要在爱人面前坦承自己的软弱不安，但也有可能角色互换，需要一股勇气担负起照顾他的责任；更多时候，我们必须先认清自己、反省自己，才能在爱的课题中清楚知道，相处的每一刻，我们是用什么方式爱着的。

我相信每个人爱一个人的感情都是浓烈至极的，就算表面没有澎湃热烈，但内心都是波涛汹涌，而爱的方式有很多种，只要与对方能有默契，其实任何方式都可以完整表现爱。爱的过程中难免会经历风风雨雨，如果两个人都能有同心走下去的信念，无论如何都会苦尽甘来的。这段话不只是说给广大的读者朋友听，包括我自己也是将它认真放在心底，当成座右铭的。

我也发现，很多情侣在一起好多年，感情开始稳定，从恋人升华到家人的感觉，彼此都很了解对方的习性，有时候甚至不需要语言，一个眼神、动作，都会知道对方的想法，很顺理成章地于过年过节，拜访彼此的家庭、参加每一场朋友或是家庭聚会，好似双方认定的想法就是这样走一辈子不分手了。但最后却会因故生波，导致分手。其中原因或许每对情侣的状况不尽相同，但我认为最可惜的，就是那些稳定交往了很长时间，却因为觉得感情坚若磐石而忽略了某些小细节，最后导致爱情崩毁的事例，要是早知道、早做防范，这样的憾事就不会发生了，不是吗？

有位读者来信问我，她最近与男友分手了，对方的理由含糊不清，害得她完全不知道该怎么处理，本来已经认定应该会结婚，连房子也都开始找了，分手前男友甚至还开车从台北载她回台中，一路上呵护备至，一派甜蜜煞人的模样。短短的时间内有如此大的改变，难道是因为最近半年她忙于写论文没有时间跟他碰面，才导致两个人渐行渐远吗？

其实爱情最大的地雷就藏在你以为没问题、疏于防备的时间段内，将爱情包裹在最安全的角落，如果没有做好通风防潮的措施，也是有可能因为日晒变质或湿冷发霉的。每一段枝脉细节都会延伸出未来不可预期的结果，或许很早的时候男友就有些微不对劲，但是你以为稳定的感情不会有问题，因此没有把心力放在这上面。

或许就是因为感情稳定才容易拖住彼此对感情的想法，容易认为对方应该懂，毕竟在一起这么多年了；因为交往很久，所以对方一定会理解。当这样的观念层出不穷时，感情就容易被架空。不论是哪种情感，亲情、友情、爱情，都是需要维系和经营的。就像工作一样，你对工作没有热情、不认真，那你想要加薪就不会实现，因为没有不劳而获的事情。感情也是，就算细水长流地交往了很久，还是需要关心和沟通，否则相看两厌，又何必继续呢？

维持一段很长的恋爱关系，是需要珍惜的。恋爱长跑久了会如嚼蜡般无味，你应该努力在两个人生活当中制造一些浪漫，千万不要觉得是麻烦。记住，不是稳定就能长久，不是时间就能换来幸福。真正的幸福如果没有经营和维系，是不会走一辈子的。

在这本书中，我希望大家能从各个方面来看待爱情的经营。我们往往因为一时疏忽，不小心踩到了雷区，会不会引爆都靠当下处理的智慧。“自省”才能“清醒”地看待感情，对于感情中突发的各种状况也才能“冷静”处理。当你有了这样的智慧时，才能更加“尊重”对方，升级到相知相守的“相处”课题。此外特别值得一提的就是，要有更宽广的心胸，学会提得起、放得下。对那些无法强求的事情与价值观，都要懂得“放下”，如果能做到这一步，我相信你的爱情练习题就能得到圆满的答案。

祝福天下有情人终成眷属！我希望你们能有和我一样的运气，继续书写下去。

薇薇　2012 年书写于爱情盛开的夏天

目录 CONTENTS

第2章 清醒的艺术

第3章 冷静的艺术

第4章 相处的艺术

第5章 尊重的艺术

第6章 放下的艺术

第1章 自省的艺术

在感情中我们本来就不完美，每一对男女都是带着有缺陷的个性与需要用爱来矫正的缺点，相知相守。

价值观的不同，往往会造成两人交往最大的障碍。因此在爱情的练习题中，我们要学习如何看清楚自己应该扮演什么样的角色，或者该说，稍微改变你目前的想法与行为，就有可能得到爱更好的回馈。

女人三十真的拉警报？

「到了适婚年龄，你是否会因为接近三字头，身边朋友纷纷结婚而开始有了压力？女人年纪越大就越没有行情，比起男人来说，在爱情市场中处于弱势，你开始担心找不到伴，所以只好闭起眼睛找寻另一半，最后发生滥竽充数的情况？

我有个事业心很强的朋友 Sarah，刚满 30 岁的她在工作领域中备受老板肯定，也是大公司里职位颇高的主管，看起来是个非常懂得追求自己的梦想的人，但偏偏对于感情，Sarah 始终一筹莫展。因为身边人的观念总是认为年纪大的女人就应该找个年纪、事业相对稳定的男人结婚，从此相夫教子。因此最近她乖乖听从母亲的安排去相亲，认识了某个专柜品牌的高级主管。她心里暗想，或许这是一次机会，应该可以步入稳定的家庭生活了吧？

在事业上取得亮眼成绩的 Sarah，在感情上却像是个恋爱新手。因此当她与这个相亲对象才碰面，两个急着以结婚为前提交往的适婚男女便少了相识不久的生涩，开始打得火热。然而，让人狐疑的是一开始的交往很顺利——高级主管有钱有能力，品味也不错，但是越深入交往，就越觉得不对劲：这个男人总爱掌控 Sarah 的行踪，只要每次 Sarah 出门漏接电话，最后就会发现手机中有数不完的未接来电与短信。这样的感情生活好像让 Sarah 从独立的女人变成了被压迫管制的小女孩，她开始感受到了相处的压力。终于在交往半年后，Sarah 主动放弃了这段感情，向男人提出分手。

最后的僵局就是，自认为投入甚多的男人不答应 Sarah 的分手要求，持续骚扰和跟踪她，弄得 Sarah 防不胜防，甚至还被男人威胁生命安全，最后闹到了警察局。两个人撕破脸在警察局大吵，搞得 Sarah 再也不敢轻易谈恋爱了……

这个故事让我想起，以前的我们总是什么都不怕，觉得恋爱就是热烈谈情，将自己百分之百奉献给另一个人，可以说走就走，一副私奔也能天不怕地不怕的样子……然而等到年纪一大，大约是接近 30 岁的时候，我们的勇气渐渐被生活磨蚀殆尽，这道竖立在眼前的关卡就变得无法轻易跃过了……好悲哀啊，不是吗？这难道就是我们面对年龄关卡时的唯一表情吗？

在爱情中，我们容易因为年龄的增长而被迫思索是否要与社会期待值一致，选择一个伴侣，然后步入婚姻，接着生儿育女。好整以暇的人或许还能慢慢琢磨，但急性子的也许会盲目就范，只因为要和身边大多数人的生活方式一致，而一不小心踩到感情的地雷，甚至陷入婚姻的陷阱，赔了夫人又折兵，搞得灰头土脸。

那天看到《VOGUE》上说："一直不老，才恐怖呢！就算老爷爷也可以打扮得很嘻哈，老婆婆也可以穿细肩带啊！所谓'到死都是十八岁'不是指容貌而是心境！只要你心态年轻，谁也没权力决定你的未来！"结婚或许是重要的，但是选择权是握在自己手里的。如果用"年龄到了就必须结婚"的道理去物色对象，很容易因为看不清而选错人。30 岁又如何？变老一点儿也不可怕、不可耻！而且我一直认为 30 岁开始才是女生最美的年纪，认真来说，到了 30 岁会有不同的感悟，比起以前还莽莽撞撞、没什么想法的自己，30岁的女生会开始思索“我到底要寻求一段怎样的感情？”以及“我想成为怎样的女人？”这样的问题。

30岁是事业的分水岭，爱情也是如此。很多女人在30岁前选择对象的类型和30岁后全然不同，开始清楚自己要的是什么。以前可能期待爱得死去活来，即使撞得头破血流也要爱上的坏男人类型；现在选择的对象截然不同，像是“好鼻师”一样，对于适合自己的男人，嗅觉变得非常敏锐，一接近就嗅得出来，不适合的连闻也不闻。不像以往交往轰轰烈烈，喜欢搞得柔肠寸断还以为是恋爱的最高境界，现在的你能同时驾驭工作和爱情，就像含苞待放的女人，自信满满地面对自己。这样的30岁，不是正美好吗？

自省的艺术：认真的女人最美丽！

女人是越陈越香，虽然细纹多了一点，却更能加深你迷人的风采。你还是会想谈恋爱，只是不会像以前一样任性；你还是会想依赖，但那仅限于偶尔的状态，别忘了 30 岁带给你的是成熟智慧，就像可雕琢的璞玉即将变为钻石散发光彩！与其担忧不可知的未来，不如趁现在好好把握每分每秒吧！

娇滴滴公主病——感情最致命的病毒

「公主病就像是一种被宠坏的病毒，明明可以从根本上清除，但就是有男人愿意吃这一套，他们大概是太有佛心的缘故吧！所以女生们，别再被少女漫画、小说污染，或是被家里保护得太好而忘记人间疾苦，以为全天下的男人都会像家人一样宠爱自己，忍受自己的缺点。

周杰伦有首歌叫《公主病》，里面的歌词写道：“为什么我要去晒太阳，我要去学游泳，冲浪板要单手来扛？还不是因为你喜欢阳光男孩，要我奔跑在海滩上。”可以让听众感受到歌词中阳光男孩为了公主努力地改变。然而只懂茶来伸手饭来张口的公主并不讨喜，你可以暂时让男人拜倒在你的石榴裙下，但别以为所有男人都吃这一套，总有一天他还是会看清现实状况的。

记得很多人谈到，一个女生会有公主病就是被好男人宠坏的，就像男人的王子病也是好女人宠坏的一样。公主病除了在生活上喜欢依赖另一半，完全把另一半当成司机、佣人、保镖和十项全能的好男人之外，她们的频发症状还有缺乏对金钱量入为出的使用概念，常常需要仰仗他人供给生活所需。

Alice 是标准的公主病患者，明明好手好脚的她总需要别人接送，小的时候都是老爸当司机，使命必达，长大后交的男友也都承担起接送任务，上课前在她家楼下等，下课时在教室外头 stand by。Alice 结交的朋友也都是同一族群的，真可说是物以类聚、臭气相投，她们就像是群体中色彩鲜明的一小撮可口糖果，只有放进口中才会发觉有时甜酸过了头。

Alice 后来在交友网站上认识了新男友 K。K 帅气十足，又有一份理想的职业，比起以往的情人，K 很适合带出去和姐妹淘们聚会。每次听到别人夸赞他们是一对璧人时，Alice

就会开心许久。这种王子与公主的结合，Alice 以为可以天长地久了，还有什么能比现在更幸福的呢？

然而公主病的发作时间是不固定的，她们总是会心血来潮地展现令人匪夷所思的一面。比方 Alice 在一次出游之后，回程板着一张脸，K 不明所以，以为 Alice 是被大太阳晒得头疼了，便好心询问她的状况。没想到 Alice 生气竟是因为 K 忘了在她上车时帮她开车门！还有一次 Alice 在逛街时喊累，原本两个人是骑车前往的，但 Alice 觉得提着大包小包的东西骑车有失面子，坚持要改搭出租车回家才舒服。K 除了无奈也无计可施，毕竟这个公主是他请回家供着的，就当作她是真的逛累了吧！于是只好改搭出租车，多花了几百块载着 Alice 和她的战利品回去休息。

对于公主般的情人，男人的态度常是“可远观而不可亵玩焉”，即使是刚开始交往的时候可以呵护备至，久了也会因为女人总是茶来伸手饭来张口而感到不耐烦。好莱坞的帕里斯·希尔顿，就是个名符其实的“公主”，我想不用多说，大家都会知道公主病的症状在她身上发挥得有多淋漓尽致。她不需要努力，天生就因为家世显赫而生活优越；她不在乎任何人，因为她有太多像苍蝇般围绕在身边的男人要应对。然而她的感情之路并不是很顺遂，毕竟就算你再美、再好，公主病这么重，一般男人也很难忍受。当这些玩玩就好的男人达到目的后，他们就像散尽家财的酒客，酒醒后终于知道这是场玩不起的游戏，连忙逃离。

至于 Alice 和 K，不知道他们的交往结局如何，因为 K 在朋友圈中是个好人好事的代表，尤其对女生特别体贴温柔，我心想，搞不好 Alice 这次真的遇到了上辈子烧香拜佛求来的好对象了，才会让 K 这个条件这么好的男生对她如此死心塌地。唉！感情真是值得学习的课题，谁说你一定要多修学分高标准过关，才能得到一个好情人呢？也许我们都应该多烧香多拜佛，祈祷也能有 Alice 这样的好运吧！

自省的艺术：让公主病远离你

公主病和拜金女有点类似，只是前者症状较轻，她们可能有自己谋生的能力，只是习惯了表现娇滴滴、等待男人扮演救世主降临；而后者则比较令人头痛了，花钱如流水的金钱观往往是压垮男人的最后一根稻草。

爱情万岁，别当拜金女

「宁愿坐在奔驰里面哭泣，也不要坐在天桥底下装快乐！」这句话很直接也很明白地道出了拜金女的观念，也打破了一些人存有的琼瑶梦，原来，爱情在这些人的眼中，不是情感的寄托，而是真金实银的物质交易。

不管是男人女人，每个人多多少少都有拜金的念头，只是内在对物质欲望的程度有多高，以及你愿意用多少东西来交换而已。就像偶像剧《拜金女王》里的楚曼，小时候因为被妈妈抛弃在孤儿院，身世的曲折影响了她的价值观，她需要用实际存在的物品来填补内心的不安全感。所以楚曼对于金钱上的掌控会比一般人更强，或许是因为想要证明有些东西属于自己，证明这些东西不会再离她远去。

然而楚曼却用错了方法，一个好的女人让“拜金”这样的名声挂在身上是十分愚蠢的行为。因为所有的男人，都明白自己要的是怎样的女人。有时外表与年纪只是男人游戏的标准选择，他可以和你逢场作戏，共度一段甜美的时光，然而最终他还是会选择有益于他的事业与家庭的女人，而不是只会拿着他的钱到处花用的拜金女。这道理其实连年过半百的王董都知道，所以他最后厌倦楚曼这样的拜金虚荣态度，宁愿再挑个更年轻更听话的女人，因为这种类型的女人永远源源不绝，楚曼不是唯一一个，也不会是最后一个。

以前我们一直以为女人其实要有钱，要有自主能力，然而，“向钱看”的观念已经落伍了！在当今这个时代应该“向前看”才对。人生很短暂，更应该想清楚你自己想追求的是什么。想要努力改善生活，只有靠自己，只有努力得来的快乐才是属于你的，任何用金钱能够换来的快乐，都是极其短暂的。我真的不认为拿了男人送的名牌包包、坐上奥迪或奔驰就叫有尊严，因为所有用外表和年轻换来的东西都很容易消逝，就像你的青春一样，只是虚假的皮相而已！

我曾经和一个名嘴在节目中大谈女生自主独立的话题。这位名嘴极力向大家宣传面包比爱情重要，原因无他，因为名嘴自己就是爱情的受害者。年纪还轻的时候，容易浮现一种补偿心态，我们总是为了顾及爱情与面包，被迫在工作之余用更多时间和精力满足另一半对爱的渴求。然而这样运转的爱情模式，最后总是变得不单纯，毕竟用金钱换来的快乐，远比不上一无所有时，两个人还笑得甜蜜共骑一台机车的无所求。

不要以为拿了个几万块的名牌包、找到个开奔驰的男人，就开始为了以后可以当个贵妇而开心，这都是很表面的。假如两个人的心已不再紧紧依靠，难道为了金钱委屈自己就叫幸福？你牺牲的东西是超乎自己想象的，为什么不想一下，其实那些物质的东西你也可以靠自己奋斗拥有？如果你始终不了解自己要什么，即使你坐上那台车，你还是会难过得掉泪！当你选择奔驰车的时候，或许你可能错失了国产车上的好男人！你怎么知道你选择的不是潜力股？

日剧《大和拜金女》也是探讨爱情与金钱的经典作品。日剧女王松岛菜菜子所饰演的樱子因为从小家境贫穷，所以最讨厌贫穷。为了不再过穷人的生活，她矢志将来要成为日进斗金、什么都不缺的有钱人，于是她利用自己的美貌考上空姐，并且借由工作的机会寻找有钱人，为的就是要找到一个梦寐以求的金龟婿。本来樱子以为她的梦想很快就会实现，没想到在找寻真命天子的过程中，发现所谓的真爱并不是寻觅多年的金龟婿，而是鱼贩子中原欧介。

以结局对照着人生，确实不可能如此梦幻，这或许只是浪漫的偶像剧情节而已，但多少也呼应了现实生活中，我们对于感情的向往，往往会因为某些因素而影响最真实的判断。所以，当你有能力也有机会遇到好对象的时候，别忘了问问自己，内心最渴求的，到底是物质填满生活的空虚假象，还是另一半能给你的最完整的爱？

自省的艺术：认清感情并非称斤论两的买卖

别当拜金女，感情要『向前看』，而非『向钱看』！如果你明知道找个稳定长久的男人最好，却还是只从物质条件去评比，自然也只能找到和你一样只重金钱不重感情的人。因为用存款金额去决定感情的厚度，男人一样做得到，最后你只是交易的一部分而已。

谁爱蓬头垢面的黄脸婆？

「无论结婚与否，女人都需要一份工作，很多结了婚长期待业在家的女人，都会觉得自己的视野慢慢变局限了。千万别让自己变成黄脸婆，也不要让身材走样。虽然男人说他爱的是你的心而非你的人，但可不要把这种谎言当真而懈怠！

女人在婚前婚后都别给自己任何松懈的可能，不管是对于身边的男人，还是自己的身材。婚前别因为感情稳定而懒得打扮以致让身材走样，别以为男友就喜欢最朴素的你；婚后千万不要让自己沦为生育子女的工具和只懂煮饭洗衣的“圣母玛丽亚”。我们不妨偶尔让自己变“坏”一点，也变成光鲜亮丽的女人，当情人的女友而非黄脸婆！

很多女人步入婚姻后常会抱怨，怎么结婚前男人常常害怕她被别人追走，婚后就老神在在的，任她随意出门，连跟谁出去都不管，连电视都比老婆更有吸引力。这是因为，在男人的心中，结婚之后，情人就会变成他们的随身物品，他们会每天固定使用这个物品，但久而久之，却会因为常使用而忽略甚至不珍惜！

婚姻稳定后，女人很容易放松，每天为了孩子、老公忙得团团转，哪还有心思顾及其他。因此，以前爱不释手的漂亮衣服、化妆品都被束之高阁，不见天日。直到发现自己的身材开始走样，老公的目光不再放到自己身上，才惊觉不对劲！怎么结婚后，自己就像是困在笼中的小鸟，生活圈就只剩下家人了？这么小、这么窄的世界，自然限制住女人的思想及美貌，让自己随着时间日渐枯萎。最惨的莫过于把去巷口的菜市场谈八卦当成唯一的乐趣，而回家想和老公聊聊今天听到的八卦，也只得来老公的呵欠连连。

所以，聪明的女人，应该要懂唯有保持自我、投资自己、扩展生活圈，才算是活得有重心，一味将自己的下半辈子投注在男人身上是没有保障的。何必要像个老妈子一样，对自己的老公管东管西，还要提心吊胆地害怕他爱上别人。管男人不如让男人管你，偶尔要让他害怕一下，知道你还是有行情的。

我有个同事，结婚后就不打扮了，生了三个孩子，这使得她身材走样。我告诉她女人不管在什么时间、什么地方，都应该要把自己照顾得好好的，于是我带她去剪头发、换造型。她老公看到后，便问她怎么了，以为她不对劲，结果还是偷偷拿起手机拍下她改造后的模样。所以千万别相信男人说“你这样就很好了，不需要改变”。想想每次走在街上，男友或老公眼中看的都是那些美女，他嘴上说叫你不用改变，是害怕你比他还有行情，但是他眼里看的永远是那些很有行情的美女！与其每天害怕男人作怪，不如让男人担心你作怪吧！

女人总爱在婚后为了家庭省吃俭用，买一支口红都要货比三家，最后选择的还是最便宜的，但自己不一定喜欢，只求擦上去能看就好。每天也不打扮自己，因为煮饭、送孩子上课、打扫家里就已经让她忙得团团转了，根本没心思再去化妆。于是她常常容颜憔悴、脸色泛黄，眼睛早已失去当初的神采，丝毫没有当初的性感了。但事实是，男人喜欢的并不是现在全无光彩的你。而且，穿回漂亮衣服，家务一样可以做得很好，把自己的时间打理好，轻松一点，也会更快乐！

自省的艺术：打开衣柜，将漂亮衣服穿回来

有时候，成为连老公都不想正眼看一眼的黄脸婆，不一定是因为老公见异思迁，只喜欢看美女，你自己也要反思一下，婚后的模样与婚前相比改变了多少。你只要把衣橱打开，看看哪件是婚前穿过的，就能大概知道前后变化的程度了。

就算婚后开始带小孩、成为洗衣煮饭的贤内助也不坏，但不要让自己只围绕这些事打转。你应该更清楚自己的定位，拥有自己的想法，而非只做家庭与男人的附属品。

别当『妈宝男』，婚后应该老婆至上

有人喜欢凡事没有主见的另一半，有些人习惯对妈妈的话言听计从，但将来娶了老婆，万一遇到很有主见的，可真的是吃不了兜着走。到时候老婆每天追着你问：『到底是老妈重要还是老婆重要？』这无解的问题就够你思考一辈子了。

和姐妹们讨论挑选男人的话题时，我才发现，原来大家都注意到了，现在所谓的“妈宝男”已经是时下最流行的恋爱产物。

“妈宝男”就是指年纪明明不小，已经到成家立业的阶段，却凡事让妈妈做主的男人。“妈宝男”对妈妈的好，其实大致上等同于印象中的孝顺，但他们在本质上还是有一些差异的。“妈宝男”对妈妈的依赖远胜过对妈妈的孝顺，在“妈宝男”的认知里，生活中所有的一切都要感谢妈妈、赞美妈妈，生活范围也多半狭隘。因为长期听从妈妈的指令，他们显得较没主见，而这种类型的男人，也常让女人敬而远之。

这些男人中有的年龄已经超过30岁，但谈起恋爱时，还会经常讲到自己的妈妈，让人觉得就像没有长大的孩子。M女就跟这样一个男人在一起过，交往时男友告诉她，自己每天早上都会吃到妈妈切好的新鲜水果，下次可以顺便带给M女吃。这个“妈宝男”还说自己从小到大都没洗过衣服，因为这些事情都是妈妈一手包办。妈妈会把衣服洗好、烘好，折得服服帖帖的，放在“妈宝男”的衣橱里。M女担心这样的男人结婚后也不会重视老婆，只听妈妈的话，于是便问他是否有过外宿的经历。“妈宝男”回答：“因为老妈担心我离家太远不安全，所以连高中、大学都选择邻近的学校，方便就近照顾，更别说是和朋友出远门的外宿了！”说到这里，

“妈宝男”忽然兴奋地告诉 M 女，他身上穿的衣服正好就是妈妈买的，好像在炫耀妈妈也很新潮似的，还懂得帮他打点造型。

M 女其实不在乎男人有多黏妈妈，她只想知道，这个男人有没有独立生活的能力。假如两个人默契相投，其实还是有机会帮他改造的，让他担负起照顾另一个女人的责任，而不是只等着被照顾。M 女不是不能接受黏妈妈的男人，而是不能接受不够独立的男人，毕竟男人将来是要做一家之主的。总不能到了结婚后，还要时不时打电话询问妈妈的意见，甚至连小孩也要妈妈来管教。凡事没办法自己决定的男人，是不会给女人安全感的。

“我觉得我这样很好，爱妈妈有什么不好，本来就应该要听妈妈的，像我这样孝顺的人不就是女生最喜欢的吗？”“妈宝男”说得很认真，但 M 女其实在心底猛摇头，孝顺是对的，然而愚孝就不应该了。以后这个男人到底能自己决定什么事情？会不会也让他老妈顺便管到自己这儿来？ M 女想一想，还是觉得这样的感情关系并不稳定，只要一交往，恐怕往后什么事情都得让“妈宝男”的老妈做主，这样的婚姻恐怕不会幸福。原本要嫁的是一个有肩膀的男人，但这下却可能被直接纳入“垂帘听政”的太后的管辖区了。

最后 M 女和“妈宝男”的关系停滞不前，时间一久，两个人又各自相亲去了。由此可见，“妈宝男”之所以会成为女人最怕遇到的对象，是因为他们无法给予女人最渴望的安全感与归属感。与这样的男人在一起，女人会搞不清楚他日后能给予的是对家庭、对自己的照顾和关心，还是只会根据妈妈的指示来管理这个家。

自省的艺术：爱老妈，但别把她的话当圣旨

男人疼老婆天经地义，听妈妈的话更是孝顺的表现。但既然已经到了成家立业的年纪，就应该对自己的将来、自己的另一半有更多的想法与规划。妈妈的话虽然有经验上的传承，但你的人生应该由你自己做主，所以别老是把妈妈的话当圣旨。不然以后老婆与老妈的纷争，可是会让你陷入两难的窘境喔！

浪漫过头，会让男人倒尽胃口

「粉红泡泡女」很坚持男人一定要浪漫，不论何时都需要刻意地营造偶像剧的气氛。新闻曾经报道过一对大学生情侣为了浪漫而在汽车旅馆摆蜡烛，最后浪漫没制造成，反而引起火灾。你有许多自认为浪漫的行为吗？但一定要注意，适度就好，浪漫过头，可是会引起反效果的喔！

有些女人喜欢幻想，对于漫画人物和小说中的主角十分喜爱。而这些角色衍生出的商品常会变成一种催眠女人的魔药，让这些女人看到就会发出“好可爱，好可爱”的惊呼声。

Hello Kitty 应该是大部分男人的天敌，因为女人多半对粉红色的事物没有抵抗力。尤其 Hello Kitty 这个“历久弥新”的偶像，除了在很多场合常常见到之外，就是在家里也可以找到一堆相关产品。有的女人出门全身粉红，手上包包是 Hello Kitty 图案，用的手机套、开的摩托车或轿车上也有各式各样的 Hello Kitty，床单、床垫也是粉红色，就连浴巾、内衣，甚至窗帘、浴帘都不放过！

用 Hello Kitty 充满可爱魅力的特质，适度点缀家里的气氛或个人形象，当然是好的。但就怕过分点缀，让自己完全活在梦幻的世界中，变成了“粉红色泡泡女”，这就会让人避之唯恐不及了。

我有一次上节目讨论关于活在梦幻世界的少女的主题，有个嘉宾的人生简直就是粉红色堆砌出来的：她偏好蕾丝蓬蓬裙，随时都要闪亮得吓人，如果全身上下的物件没闪亮得粉红一片，她就像得了厌食症一样病恹恹的。她说有这些可爱的东西，她才能有可爱的动力。难道自身的魅力需要借助外物才能成立？她还说，其实很多人因此对她侧目，她不知道大家是欣赏还是嫉妒！但我想，大多数人都是惊讶的成分居多吧！她已经无法控制自己的想法，像个强迫症患者一样去满足内心病态的一面。

有个男嘉宾就说了：“对于这种女人的行为，偶然为之还可以接受，但如果过度，我觉得这是一种病，幻想病！想成为公主的幻想病！对于偶像剧的女主角有着崇拜和入戏的倾向，这样的女人会让男人觉得倦怠。”另一个男嘉宾接着说：“每次带这种类型的女人出去，不管遇到什么都要大叫‘好可爱’，看到新奇小物和玩偶尤其令人受不了，一直发出‘卡哇依’的声音。一次两次我觉得很新鲜，但一路上都这样，我猜在她的世界中应该没有东西不可爱吧！”

这种女生不见得是后天被可爱、热门的东西洗脑才会如此，有些是个性上就充满这种匪夷所思的特征。我在大学时也碰到过这样的女生，她每天总是笑嘻嘻地对所有看见的东西说“好可爱”，她的男友认为这就是她的迷人之处。但久了之后，身边的朋友也开始学着她的样子说“好可爱，好可爱”，男生看到这些装模作样的表现，才知道原来在大多数人眼中，女友其实是被归在“奇人异事”一类中了。最后这个男生远离了“不住在地球上”的女友，而我这位女同学听说仍旧活在她的可爱世界中，到现在仍是孤身一人。

有些男人一开始确实会喜欢“粉红泡泡女”，就像男人永远看不透做作女一样，因为男人刚开始谈恋爱的时候眼睛是瞎的，而女人则是谈了恋爱后眼睛才开始变成半盲！但久了，男人的眼睛开始变得雪亮，他会明白现实和梦幻不太一样，“粉红泡泡女”的世界不适合他。回归现实层面，浪漫是用钱堆积出来的，像是有名的 Kitty 屋，绝对价值不菲。对于“粉红泡泡女”的行为，只可偶然为之不可变成常态，否则，谁都供养不起这样需索无度的浪漫！偶尔的浪漫是必需的，然而过度强求的浪漫是会让男人不开心的！

自省的艺术：
男人永远是活在现实世界的

对于男人而言，梦幻终究是梦幻，选择一个能够步入现实生活的女人或许更重要。然而我从不反对在两个人交往的过程中来点浪漫举动，这种小游戏可以帮助调剂身心。所以，如果你是个喜欢粉红色梦幻事物的人，别忘了迷途知返，否则只会让你与地球上的那个他的距离越来越远。

第2章 清醒的艺术

爱情总给人“旁观者清，当局者迷”的感觉，实际上好像也是这样。大家拼了命地谈情说爱，用一时的冲动说明所有的感情都是建筑在这股热情之上的，然而热情过头，难免会有“阴沟里翻船”的意外。清醒一点，你的感情可以更稳定一些。有时我会想，也许大家都是清醒理智的，只是，大家都不愿意说清楚、讲明白，老打迷糊仗，让感情恶化……

『友达以上、恋人未满』的李大仁

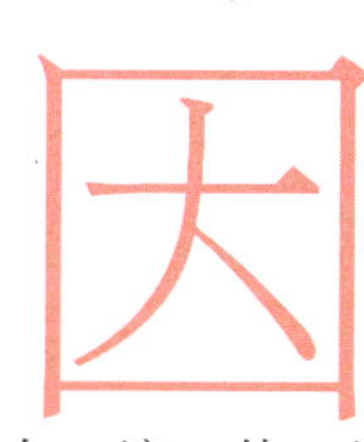

为一部偶像剧，我的周遭顿时多了一堆『程又青』和『李大仁』，他们都说自己和红粉知己的感情比情人还稳定，但真的是这样吗？这个世界上没有永远的『程又青』与『李大仁』，不要以为男人与女人之间会有纯友谊的存在，那其实都是在爱与不爱之间的障眼法。

2012年最红的偶像剧大概就是《我可能不会爱你》吧！这出戏在探讨“初老阶段”的轻熟女程又青如何在感情中游移不定，在完美情人丁力威与交心的知己李大仁间选择。其中程又青和李大仁长达十五年的“纯友谊”最让人津津乐道，一个“草食男”在身边，女生就可以安心，就以为没有侵略性了吗？

小宁常常提起身边的一位男性好友D先生，她和D先生有着多年的情谊，而两个人也逐渐发展出一种默契，属于男女间特有的“友情默契”，介于“友达以上、恋人未满”的阶段。而且小宁说，这样的距离刚刚好。

直到好友D先生一次失恋后，小宁为了安慰他，特别把D先生约到家里准备陪他彻夜长谈，毕竟以前都是这样的，这次应该也没什么大不了。当天，两个人一起在小宁的小窝中喝酒、互吐心事，结果在酒精的催化下，D先生不知道是借酒壮胆还是丧失理智，小宁可能也醉了，两个人竟然就糊里糊涂地发生了关系。等到隔天两个人都清醒了，才发现不小心跨越了界限。结果就是：两个人的关系变得有点诡异，现在都不知道该怎么看待两个人之间的互动模式了。

“我一直知道我们互有好感，但是这么多年的相处，他早已成为我不想失去的重要对象，于是我宁愿保持这样的好友关系，也不愿意破坏这份最简单又亲密的情感。”小宁的真心话道出了她珍惜D先生的缘由。的确，如果友情能够天长地久，那是不是拥有一个朋友胜过谈一段不知道有没有明天的恋爱？

朋友之间或多或少存在着一些界限，我们不愿意跨越是出于珍惜这份情感，男女之间保持着友谊比一时的迷恋更重要。这不是错过，而是打从一开始在你心中就这样定位你和他的关系了。我们只是悄悄地、原封不动地继续保持这层关系。

这其实没有普遍适用的规章或法则，这种感情和关系，在极少数的案例里是会存在的。而在大部分人的既定印象里，对于男女之间的相处，保持着没有纯友谊的想法。就像以前高中流行的“干妹妹”制度，最后异性好友“干妹妹”往往会变成女朋友。而《我可能不会爱你》的男女主角也一样，如果不是存在着一份吸引力，男主角有可能会对女主角这么好吗？好到没有保留，好到比任何男友都做得更好？我们一面羡慕着女主角，不论发生什么事情都有一个始终站在原地支持她、对她好的异性好友，一面又了解到如果这对好友没有成为恋人，那么偶尔的吸引力只会让两个人在出现新恋情时陷入嫉妒和不平衡。

友谊，有时候是双方认知的默契，如果因一方或双方的私心让这份友谊变质，自然就当不成朋友。有时候你喜欢上一个人，想要接近对方，也是先从朋友当起，利用友谊的障眼法，让两个人朝夕相处。如果运气好一点，对方有可能会因为这样的相处动心，继而交往。

就我看来，程又青和李大仁，名义上是最好的朋友，实际上应该说他们长期都处在暧昧状态，只是谁也不愿意先说破，于是拖到彼此都明白对方的心才坦白了情感。因为害怕失去这世界上最了解自己的人，所以宁可先选择友情。我想，这或多或少都道出了很多人的心声吧！

清醒的艺术：友情的界线，不要轻易跨越

要持续地和一个异性接触，而对方的条件不差、和你又那么契合，说不动心是骗人的。有时候恋爱和这份惺惺相惜的感情不同，恋爱了就会打破这份感情。每个人都有一个不想失去的人，随便越界，失去的可能不只是一位好友，更是一份最珍惜的情感。

没肩膀的男人并不可靠

姐妹聚会时，讨论到观察男人的时候，大部分女生说自己习惯先看肩膀，厚实而宽的肩膀会让人很有安全感。从更深的层面上来说，男人的肩膀代表着责任感，因为女人渴望的是可以依靠的男人、能够背负重大责任的男人。

你认识的男人是否总是在明明做不到的情况下还硬要答应帮朋友的忙，结果最后没法完成？或是对你的承诺没一样兑现？这样的男人多半怕负责任、怕承担压力、个性消极，遇到问题往往只会逃避，爱开无法兑现的空头支票，不只让身边的人被迫帮忙收拾烂摊子，也许还会因此被拖累。他们没有肩膀、无法承担责任，绝对不会是值得你托付终身的伴侣。

从个性也可以看出工作表现如何。这种类型的男人工作通常不认真，做五天想要休三天，总是一忙起来就喊累，三天两头抱怨工作压力大、想辞职换工作，把工作当儿戏，好像今天这份工作不喜欢了，就能像学生时代用逃课这一招来逃避一样。他们年纪通常都超过 30 岁，除了不认真工作，对感情也不持认真经营的态度。什么事情都是得过且过，遇到问题就逃避，甚至外遇了，还一副不肯面对、“要不你拿我怎么办”的模样。不知道怎么善后了，就干脆把责任全推给女人来解决。调情时就像一条龙一样很有架势，东窗事发后，怎么反而变成了一条虫？

选择男人本就该着重看他待人接物是否诚恳，从处理事情的态度上最能看出一个男人的责任感。发生了紧急事件，能够妥善处理好，完全不慌不乱的男人，对感情的态度也一定很认真。如果你的男人刚好相反，那么你也别太勉强自己接受无责任感的男人，毕竟你又不是他的老妈，要一辈子帮他收拾烂摊子。

有个已婚的网友来信告诉我，自己的老公就是典型的没担当、没勇气的男人，每次遇到问题就躲，丢给老婆处理。交往时，女人心想或许等到结婚有了孩子后，男人就会改变，会为了扛起一个家变得比较有责任感。结果这么一等就过了十年，男人依然故我，甚至在婚后染上了赌瘾，十赌九输，背了一屁股的债，女人要不停地帮他还债，最后，爆发了更大的债务危机。女人因为无力偿还下去，选择了离婚，远离了这个这辈子都不会有担当的男人！

我还遇到过一位朋友，挑选男人时都只看外表，习惯把外在条件的要求讲得很具体。然而太过在意外表换来的竟是每位男友都爱脚踏两只船、都爱搞暧昧。到最后她发现，她之所以得不到男人的真心，或许是因为她找的男人条件都很相似，而且个性也很像，总是花心、表里不一。这样的择偶标准，到底是为了选择一尊好看的雕像，还是真心想找个真正懂你的伴侣？

我们在爱情中应该学会停、看、听。一开始选择男人时也是如此，要放下对外表的执着，评估他的内在——他是不是懂得倾听你内心的人？他是不是愿意在每晚加班后还陪你聊聊心事再休息？他能接受外出逛街前你必须化妆半小时吗？你半夜睡不着想吃消夜，他会说一起散步去公园附近的豆浆店吗？“一百分”的男人不见得会把你的想法“照单全收”，但他会给你一个充分的理由，让你相信他的安排是尊重你，但同时也顾及他的情况。有肩膀、有担当的男人不会信口开河，不会舌灿莲花只为一博你的芳心。选择他之前，你最好从另一个角度看看这个男人认真的程度以及处理事情的责任感，这样做出的选择才是对的。

下次遇到没肩膀的男人，请别再浪费十年的时间了，别以为男人会随着年龄的增长变成有责任感的人。与其花时间期待，不如痛快地舍弃这段感情，因为有可能在这十年中，你会遇到很多个有责任感的好男人！

清醒的艺术：
看清男人，从他的身边开始注意

从一个男人的交友圈看他与别人的互动是很重要的。『物以类聚』这句话很有道理，从眼前男人对朋友的态度以及朋友间彼此的互动，可以看出一些端倪。最后，慢慢调整自己的情绪，别太快投入感情中，听听自己内心的声音。当然，也要关注男友讲话的内容，因为交往前男人总是把所有的话都说得很好听，但你应该知道，未来并不会像此刻的甜言蜜语一样完美。

看清『放电男』，让你与滥情绝缘

恰当的放电是必要的，因为适度地丢些信息给喜欢的人，才能创造机会，再向幸福迈进一步。然而最让人厌恶的就是乱放电的人，就像乱枪打鸟一样，这种男人对谁都好，喜欢在女人堆中制造一些误会，让女人像被网住的虫子一样无力挣扎，只能等着被放电的男人生吞活剥！

爱放电的男人太过博爱，他对每个人都很好、很绅士、很有礼貌，也很体贴。一群人出去，他会对同行的女性特别好，那种无微不至的照顾会让女生有种错觉，好像两个人在短暂的集体约会中找到了等待已久的彼此。女生会误以为进入了暧昧阶段，但说穿了，其实那只是爱放电的男人一贯的把戏，而且只是风流成性的小把戏而已。一旦把女生迷得晕头转向后，这种男人又习惯性地离去，他们把自己当成“超人”，以为全天下的女性都等待他去“拯救”，他们从来就不会为了任何一个女人停留太久。

Grace 和 Jessica 是认识超过五年的好朋友，但是无论两个女生感情有多好，一旦同时爱上一个男人，这份友谊多半都会禁不起考验，特别是当她们同时爱上的是一个爱放电的男人时。两个人为了一个男人翻脸，现在形同陌路，见面都不打招呼，两个人的友情变化至此真的是令人不胜唏嘘……

事情发生是因为 Grace 先认识了 A 男，两个人的感情慢慢升温。Grace 基于照顾好姐妹的心态，请 A 男在下次聚会时找一位条件不错的男友一同出席，她打算做个现成的介绍人，让 Jessica 也能和她一样赶快有个理想的恋爱对象。就这样，A 男在之后的聚会中便介绍了朋友给 Jessica 认识，四人两组的互动维持了一个多月。表面上看两对男女的相处好像都没有问题，应该都可以继续从好友升格成恋人。但 Grace 渐渐发现

Jessica 有些不对劲，每次只要自己谈论到 A 男，Jessica 就会有很不自然的反应。以前 Jessica 总会顺着她的话题大聊特聊，但现在只是虚应几声，好像并不想听到 A 男的事情一样。

Grace 暗中观察，起初还以为是 Jessica 被 A 男欺负，但事实完全相反，原来 A 男不仅和自己交往，还曾经偷偷与 Jessica 约会。Grace 甚至还在 A 男的手机里发现了好几条与 Jessica 的通话记录，但这些通话时间都在匪夷所思的深夜时段，难不成他们之间有不可告人的秘密吗？而且，为什么这样经常通话，却连一个短信都查不到，是不是 A 男做贼心虚，所以刻意把 Jessica 的短信删除，以防被发现呢？

Grace 后来找机会单独约了刚下班的 Jessica 到公司附近的咖啡厅小憩，从公事谈到了最近的感情，Grace 向 Jessica 暗示最近和 A 男的感情有些问题。原本静静的 Jessica 一听马上睁大了双眼，还拿起桌上的黑咖啡喝了起来，眼睛直盯着杯里深透的黑，貌似随意地回了一句："哦？有发现什么地方不对劲儿吗？"

Grace 小心翼翼地反问一句："我不知道，我等着你来告诉我……"两个人陷入了沉默，只剩下咖啡厅里优雅的爵士乐回响，好像她们两个人已不存在于这个空间中了。后来，Jessica 打破了沉默，她说自己从认识 A 男的第一天起就喜欢上了他，A 男迷人的模样与风趣的谈吐令她回家后久久无法忘怀。而且 A 男有时还会刻意在聚会结束之前，找机会和她玩个猜谜小游戏，要她回家后慢慢想，再用短信发给他答案。就这样，两个人便背着 Grace 开始了他们刺激的偷情游戏……

Grace 越听越难过，怎么认识多年的好友会这样背叛她，从前无话不谈的朋友现在竟为了同一个男人而变得心机百出。两个人这样下去还可以当好姐妹吗？

重视友情的 Grace 不愿放弃，她问 Jessica，两个人是不是还可以拥有友谊？只要她们弄清楚到底 A 男是真心对其中一个人付出，还是只是习惯和所有女人玩暧昧游戏。但 Jessica 并不在乎，Jessica 只想自己拥有 A 男，她认为只有自己才是 A 男的“真命天女”。她认为说 A 男风流或者乱放电，只是手下败将 Grace 的单方面说辞，她相信她眼中独一无二的 A 男。

就这样，Grace 只好和 A 男、Jessica 划清界限。因为她明白一个男人能让好姐妹离自己远去，以后还是会有相同的问题出现，不如自己把自己顾好，从这次的事件中看清楚 A 男的真面目，这是最庆幸的了！果不其然，不到半年的时间，Grace 听别人说 Jessica 被 A 男抛弃了，下场就和自己一样。而且更可悲的是，Jessica 还不小心怀孕了，最后被迫堕胎，终日以泪洗面……

这种事情我相信很多人都曾经听说过。风流成性的男人喜欢搞暧昧，在他们眼中，所有的女性都是猎物，宁可错杀一百也不愿放过一个。要是这样的男人勾搭上自己的好姐妹，往往都会落到跟 Jessica 一样的下场，但我们真的要把所有的错都推给“放电男”吗？

有人喜欢乱放电，但你其实可以拒绝被电！建设好自己的防电系统，才不会一被花言巧语或小动作引诱便傻傻上钩。等到自己的新鲜度消失，就成了男人急着脱手的垃圾，最后像是做了一场不堪回首的梦，何必呢？习惯性放电的男人并不见得都是骗财骗色的坏男人，但你必须认清的是，他们要的是玩感情游戏，还是稳定的另一半？当他习惯和谁都好，说每个女生都是好朋友的时候，你就该明白，这只是他“交际应酬”的习惯罢了。要他真心守在你身旁？省省吧！你还是把宝贵的时间留给自己吧，毕竟继续找寻更理想的另一半比较重要。

清醒的艺术：
拒绝被电，让放电男远离你

对于『放电男』，要有『三不政策』：不主动、不心动、不冲动。在男人还未确定是否喜欢你时，不要主动出击，也不用在心里先设想对方这样的动作是不是代表喜欢你。先别小鹿乱撞，这样才会更容易清醒。保持自己不轻易心动的原则，避免遇到喜欢乱放电的烂男人，保护好自己，才不会受伤。

和另一半的好友保持礼貌性的距离

孤单寂寞、失恋难过时，你是不是总期待有个好朋友，可以陪你逛街、买衣服、分享心事？女人身边总需要几个可以推心置腹、无话不谈的好朋友，分享心中的秘密，交流感情。然而会不会突然有一天，你们会化友为敌？

阿和与明哲是死党，两个人惺惺相惜，从高中开始一直到毕业。即使一个在台北工作，一个在台中教书，但总是会通过 MSN 等互通消息。很少有男性朋友能保持这样友好的互动，尤其是在两个人都各自有了女友之后。

阿和与他的女友玲是工作上的同事，因为两个人交往多年了，所以玲与明哲也曾经在阿和高中同学婚宴的场合中见过几次。前年圣诞假期，阿和安排了环岛旅行，三个人也曾经在台中共进晚餐。玲在公司负责采购的业务，因此不时得去台中或高雄的分公司与合作厂商洽谈，所以阿和与玲的同居小窝时常只有阿和一个人守着。但两个人为了结婚，打算趁年轻时赶快工作存钱，因此即使玲总是因为工作需要三天两头地在外住宿，但也还算是相安无事。

直到有一次，一个和玲一同去台中拜访客户的女同事告诉阿和，玲取消了酒店的预约，说要寄住在大学同学的家里。女同事原本也没多想什么，结果不小心听到玲和“同学”的谈话，对方竟然是个男生，而且感觉玲因为有女同事在，讲话支支吾吾的。阿和知道了来龙去脉后，心想玲好像也没说过台中有哪个要好的大学同学，更何况是男生，这该如何是好？该不会是玲偷偷背着他跟别人在一起了吧？

阿和后来还是忍不住问了玲这件事，但玲只是轻描淡写，说电话中的男生是大学同学的弟弟，而且是才刚上大学的年纪，只是负责接送她们，要阿和不要胡思乱想。在玲的轻描淡写之下，阿和也不好意思多问，仿佛多问就像自己多疑了一般。但是纸终究包不住火，有一次玲照例去台中出差，阿和在晚餐时间打给玲，关心她晚餐吃饱没，却听到玲手机里传来嘈杂的街道的声音。阿和原本还想，应该又是在逛街吧！没想到此时手机里传来一个男生的声音，由远及近，叫了玲的名字，还问她的红豆冰里要加什么料。阿和当下一惊，觉得这声音听起来好耳熟！他马上挂断电话，直接拨通明哲的手机，一开始电话还响了几声，接着忽然转入语音信箱……

阿和大概猜到了，是明哲，是他相交多年的好友、十几年的结拜兄弟！阿和不甘心，又把两个人的电话轮拨了几次，始终都转入了语音信箱。他开始感到无助，怎么最信任的两个人会一起背叛他呢？

其实很多女生都知道不该和男友的朋友走得太近，一来是自己都有男友，与别的男性过从甚密难免引人非议，再说如果真要倾吐心事，何不找自己的姐妹就好？要知道当自己表现出因心事而柔弱的一面时，很多男生是无法招架而会错意的！任何的私下往来都很容易产生误会，难道你能解释为什么打电话和情人的好友聊天却不告知情人，或是为什么那么多的朋友中你单单就找这一个？这些足够让人无限猜测和疑心的部分，就算你能够解释，依然会在彼此的心中留下疙瘩。

恋人眼中是容不下一粒沙的，如果没有拿捏好与情人朋友的距离，很容易引起误会、争吵，连带着影响两个人的关系。而且就算有再强的包容能力也不能允许自己的情人和朋友偷偷交往，这是一种双重背叛，因为世界上最难忍受的第三者，就是自己的好友。即使爱情没有对错，但当曾经美好的情感在一瞬间被扑灭时，那份心痛犹如刀割，短时间内是无法释怀的。

清醒的艺术：认清男友的好友终究不是你的好友

不要跟另一半的好朋友有过度友好的关系，试着保持礼貌性的距离以免产生误会。如果你拿捏不好彼此间的距离，别说你的另一半会吃醋，这个死党可能也会背上『抢大嫂』的臭名。

当你的男友对外宣称他『没有女朋友』

很多男女都遇到过这样的状况，情人对外宣称自己没有男朋友或女朋友，不知道当下大家作何反应？这是一种利己的想法，这样说的人有着骑驴找马的心态。出外聚会宣称自己单身，除了维护单身行情外，同时又可以享受暧昧游戏带来的刺激。

我曾听过朋友讲述她可悲又可笑的故事。她和男友逛街时，男友总是自顾自走在前头，有时朋友想揽住他的手，却总是被推开，只回答她“公开场合不好看”。但是遇到美女时，男友却会目不转睛地盯着人家，一副不把正牌女友放在眼里的样子。就像在你面前时，他总是说他喜欢你，然而却从来不带你参加朋友的聚会，好像你和他在一起，就是注定要当个影子情人，没有他的命令，你只能躲在阴暗的地窖里随时等候他的宠幸。

我要说的另外一个例子，是射手座的男性朋友，就姑且叫他射手男吧！他有个交往长达三年的女友，而且还是瞒着大家交往的，至于为什么不让大家知道，身边的好友与女友都有这个疑问。见面与否，都是射手男拿主意，女友只能在放假的时候等射手男的电话、短信，告诉她到哪个地方和他会合。在射手男的车上，从来就不曾出现过女友的任何东西，好像他的车从来就没有载过她一样。因此，射手男的朋友们一直以为他单身多年，因为多金又帅气，朋友们认为一定是因为他眼光太高，寻常百姓看不上眼。

这个苦情女友在最后一年总算忍不住了，询问自己为什么不能主动找射手男，而是必须等候差遣，还要随传随到。没想到射手男回答，他只想要这样的女友，不要约束对方，更不要开口说什么彼此是男女朋友，关系简单一点比较好。

听了这些话之后，女生总算看清事实真相，死心离去，因为射手男根本没有把她当作女朋友，纯粹只是想找个人陪伴罢了。事后射手男还和周围的朋友讲，他只是单纯觉得这个女生条件不够好，因此从来没有将她定位成女友。他在之前的单身阶段遇到了她，因为害怕寂寞才先跟她交往，但其实是在等更好的女生出现。所以在这三年中，他还是不停地出去约会，寻找下一次机会。

两个人的关系没有公开，以至于分手就像船过水无痕一般，好似这段关系从来就没存在过。这种男人的心态到底是什么样的呢？其实很简单，就是以下几点：

1. 他其实想劈腿：男人觉得你是食之无味、弃之可惜的鸡肋。当男人想有人陪伴时，你是最佳的女友；当男人想玩时，你不吵不闹的个性也让他觉得很放心。当他总是以单身汉的身份出现在朋友圈中时，那是在准备下次的狩猎。亲爱的，你的男人心还不定，因为真正在意你的男人怎么可能舍得把你当备胎使用？

2. 他不够爱你：每个女人都很容易被假象所骗，不承认你是因为你和朋友不够熟，或是他觉得还不到该讲清楚的时机，然后会找各种借口搪塞。然而一个男人不愿承认你是他女友，就是不愿意承认你在他心中的地位！傻女人，你还要这样骗自己，说他有多爱你吗？

3. 他觉得你配不上他：这很现实，当一个男人百般嫌弃你的外表、身材时，除了他不够爱你以外，还有一点就是男人有优越感。因此，在他的心目中你还不够完美、不够好，所以找种种借口来嫌弃你。

4. 其实你是第三者：有些男人其实早已结婚或是有女友，却始终不肯承认，因此当你出现在他的社交圈时，因为他身边早就有伴儿，所以无法承认你的身份。假道德的男人很容易出现这样的状况，不想让身边的朋友发现自己出轨，却仍旧花心地寻找着备胎！

5. 你只是暧昧的对象：有时候你认定他是你男友，然而男人不一定认定你是他女友，例如你们可能发生关系，但是男人会觉得男欢女爱不一定是交往。男人可以牵手、接吻，甚至做爱，这些逢场作戏的手段不过是你情我愿的结果。如果你还傻傻地以为男人只是需要时间接受你，我相信你等到天荒地老也不会得到什么结果的！

有个女网友曾经写信给我，其实她一直都知道自己的男友爱玩爱出轨。她傻傻地跟在旁边，只希望男友还在她身边就好，她总是这样自我安慰，然而这样的心态持续下去，一定会崩溃！

如果他都没这么喜欢你了，你又何必热脸贴人冷屁股？在这个故事中的射手男隐藏的女友，后来遇到一个对她很好的男人。重要的是，这个男人愿意带她去任何场合，愿意大声对大家宣布：“这就是我女朋友！”所以，你需要知道，并不是男人嘴巴上说有多爱你，或是做爱时跟你说“宝贝我不能没有你”就是真的爱你。最重要的是他愿意让你走入他的生活圈，愿意让你出现在他的朋友、家人面前，轻轻的一句“她是我的女朋友！”，就代表一切了！

清醒的艺术：不承认你的另一半，就不够资格成为另一半

有些男人喜欢暗藏一手，表面上和你交往稳定，实际上对外宣称单身，说和你只是朋友关系。这样的男人千万不要留恋，毕竟女生自身也是有行情的，何必选择一个否定自己的男人。还有些男人其实不止一个女友，因此不能随便对外宣称，否则哪天被人看见女友不一样了，只能等着被人揭疮疤。这样的男人，你还不能看清他的真面目吗？

分手，就不要再走回头路

当一段感情接近尾声时，你该做的就是往前走，头也不回地去寻找新的金黄麦穗。扪心自问，只要曾经把握住了每一段过往，往后的事情就不是你该烦恼的了。

让我们来看一段希腊哲学家发人深省的对话吧！

有一天，柏拉图问苏格拉底什么是爱情，苏格拉底就让他先到麦田里去，摘一个麦田里最大、最金黄的麦穗来。在这个过程中，只允许他摘一次，并且只能往前走，不能回头。柏拉图于是就按照苏格拉底的话去做了，结果他两手空空地走出了麦田。

苏格拉底问他为什么摘不到，他回答说，因为只能摘一次，不能走回头路，期间即使见到最大、最金黄的，因为不知道前面是否有更好的，所以没有摘；可是走到前面后，又发觉还是之前见到的麦穗最大、最金黄，于是什么也没摘。

苏格拉底这个时候意味深长地说："这就是爱情。"

对于感情，我们就像柏拉图一样，不知道前方是不是有更好的麦穗，直到走过去还一直在犹豫，觉得刚刚错过的那个麦穗才是最好的。于是我们总是不断地犹疑、后悔，以至于令幸福快乐通通落空，最终什么也没得到——既无法往前得到新生活，也无法回头和旧爱重修旧好，只能在原地不停地打转。

有的人总是不停地设想，或许自己一旦发生了什么事，对方还是会关心、会难过的。然而最后才明白，只有你自己一个人在意和难过。如果不小心听来的消息是对方和新对象过得很好，你会安慰自己说，那只是一时的；如果打听来的消息是对方过得并不快乐，你心里就会告诉自己，或许对方还喜欢你，既使交了新朋友还是不会快乐，因为你们之间的爱情才是最特别的……

这种自欺欺人的态度，就是困住你真实感情的枷锁，你始终无法看清楚事实真相，只能一味沉浸在留恋对方的回忆中。然而你从不知道，在你们从交往到分手、从热恋到陌生的时候，你们已经走过了一片又一片的麦田，属于你们的最大、最金黄的麦穗早已经随着时间的流逝而凋零殆尽。你所能做的，也只能是期待来年在心中种下新的种子，从而再次饱尝爱情的滋味。

当对方决定分手时，其实明摆着的意思就是——你不是我要的。既然你都不是他要的了，那么当不当朋友也不再是重点了，所以你何必时时纠结于想得到他的消息呢？收回你心中那个渴望他回头的微弱声音，你应该告诉自己，既然已经错过，就大方前进，笃定地选择一个你认为的最好的麦穗，并且摘取它，认定这个麦穗就是你将来的幸福。

清醒的艺术：让自己断了各种期待旧情人回头的念头

分手后不要打探对方与新对象的相处情况，那只会让对方觉得被骚扰了，同时也暴露出你还未走出分手的阴影。因为会分手，就代表两个人的感情一定遇到了什么问题，就算问题不在你身上，也一定是和他有关。所以抬起头，看清楚这段感情挫败的原因，再寻找下一段新恋情吧！

第3章

冷静的艺术

爱情是一门永远的学问，我们学习成长、学习认识对方，学习把对方的酸甜苦乐也拿来一并品尝。有时候我们会说，用最激烈的感情同对方交往才最过瘾，但其实过热的温度难免会烫伤对方。

相处的冷静之道，是我们必须学习的，懂得退一步，才有更进一步的机会，把彼此逼到悬崖边，只会让两个人都没有退路，最后两败俱伤。

存在感不是靠抢话建立的

不懂装懂，又喜欢在他人面前高谈阔论、班门弄斧，这样的人别说会让另一半在聚会场合感到难为情，平时相处时可能也会让另一半不时有翻白眼的冲动。你，是这样的人吗？

一群朋友酒酣耳热、正准备离开小吃店时，其中一个女生小娴说："下次聚会不要找阿耀的女友啦！"小娴一向是个好相处的人，突然说出这句话让大家感到很诧异。"怎么了？"大家急着问。小娴说的是提早离席的好友阿耀刚交往半年的女友 May。

原来，May 很黏阿耀，每次大家聚会时，她总是爱跟着阿耀。包括小娴在内的这群朋友，从大学时代就相识，到现在已经有十年的交情了。起初大家也很欢迎 May，本来嘛，一群朋友都期待成员能早早携伴参加，把小团体的场合变成大家族的聚会，那样多温馨啊！但是这个团体自从有了 May 的加入后，每月一次的聚餐，最后总会留下一丝诡异的气氛。席间大家讨论话题时不再热烈，好像只是应邀出席，应酬完就可以拍拍屁股走人一样。大家发言的次数越来越少，埋头苦吃的时间越来越多，再有就是大家开始三三两两地各自聊天，没什么人想搭理阿耀和 May。

那是因为从选择餐厅到开始用餐，May 总喜欢插话，不懂装懂。她从最基本的餐厅选择开始发表意见，还总是认为她选择的才是对的。有一次，她说东区开了一家法式料理，环境优雅价格也不贵，大家一起去吧！谁知道一去，所有人两眼直瞪，因为一看门口菜单图样就知道是间美式餐厅！而且价格也不低，一道菜就要六百元以上！于是大家都怀疑 May 有没有认真查过餐厅介绍，还是只想拉着大家来当试吃班？吃饭的时候她也不顾大家的话题，一股脑儿地聊她在专柜上班时又遇到了什么烂客人，今天的业绩又因为她的舌灿莲花突破了预设的目标……May 或许没想过，不是每个团体的话题都会围绕工作展开，也不是每个人都喜欢听她讲八卦，她可能擅长创造业绩，但却不懂怎么“按捺”住阿耀的这群朋友。

几次饭局下来，大家都受不了 May，甚至还有人说干脆连阿耀都别约了，毕竟有阿耀，就一定会有 May。而且为了不让阿耀难做人，大家每次又得配合 May，聚餐时吃不饱，大家只好在饭局结束后避开阿耀和 May 再吃一顿……May 时常提出意见，搞得大家都得听她的，好像不听就是辜负了她一番好意似的，然而最后都证明 May 的选择是错误的。甚至在前段时间她还选择了一家连加汤都要钱的高级餐厅，逼得大家回家还得续吃消夜才饱。这些事大家又不好意思直接和阿耀提，所以才考虑说是不是连阿耀也不要约了才不会尴尬。

虽然在群体中提出意见、决定方向是好的，然而提出的意见如果并不很好，却还要大家服从，那么还不如不说。每个人都有自己擅长的领域，在朋友聚餐的席间能侃侃而谈，那当然可以让场子热闹起来，谈话十分投机的时候，又可以让人感觉到你的内涵。但是如果在一群人当中找不到适当的时机与发言内容，那可千万别贸然尝试，要是发言不当，除了出丑外，还会让另一半觉得没面子。

情侣间相处也是如此，和另一半相处，不管是在公开场合还是在私底下，千万不要不懂装懂。做一个人的伴侣，就应该支持他，在他难过时安静地聆听；在他遇到挫折时，也不要一味地谈自己的想法，只须默默陪伴和鼓励就好这样会让他觉得你是个贴心的人，即使不用多说话，都能心意相通。

如果你遇到的状况刚好相反——必须忍受另一半在你面前讲许多其实他不懂却又要突出自己博学多闻、十分有见地的话时，你可以委婉地跟他说，你比较喜欢他谦虚的样子。告诉他有些话可以有选择性地说，不用什么事情都问到底，或者抢在别人话锋前说，把机会留给别人。自己用耳朵听，听别人说的是否正确，如果是有帮助的，就当作是新的知识吸收；如果是没有意义的笑谈或者其中有很多错误，那也可当作借鉴。当你在心中嗤之以鼻时，别忘了你在别人眼中也有可能是这个样子啊！

冷静的艺术：别在另一半面前不懂装懂

在自己朋友的聚餐场合，或许还可以表现一下你的真性情，但如果你只是陪同前往，那还是少说为妙，就暂时当个安静的聆听者吧。认真聆听，专注观察，这样总好过胡乱抢话给人留下不好的印象。

当小三来敲门，别失了正宫元配的沉稳

爱情的世界永远不会只有你和他这么简单，要是中途杀出个程咬金，这个小三你能招架得住吗？当另一半有外遇的时候，你千万不要激动，要是你自己先发动攻势，反而会给对方攻击的机会，这只会把自己的男人往别人身边送！

“男人总有一天会明白，不论元配还是小三，只要步入婚姻后，通通都是一个模样！”这是我和一个可怜的元配讲的话，她遇到了强劲的小三，而且目前“节节败退”，因为这个元配为了宣示主权，采取了很多“大意失荆州”的举动。

我跟她说，无论如何，小三不会永远娇娆讨喜下去，当她面对生活中大小事的困扰时，就会明白自己也不过是一个平凡的女人。而男人也会明白，小三到底是真的比较讨他欢心，抑或只是一段时间内的意乱情迷。所以我请她先不要慌张，也不要自乱阵脚，通常你表现得越激动、越生气，结果只能是把自己的男人往外送而已！

有太多这样的案例，元配沉不住气，开始与老公和小三大闹，以致闹到了法院。大肆宣扬，只为把出轨的两个人打到原形毕露，但你可曾想过，在失去男人那颗心的那一刻，若你还有想挽回的念头，你一招一招地下重手，他会不会更觉得你面目可憎？是啊，我们都知道面目可憎的是他们两个，也没有人说受害的你不能跳出来大声讨伐。但最后的结果是：男人为了护住面子，为了逞一口气，肯定会和小三双宿双飞，最后你还不是一样失去了他吗？

和我说这个故事的元配总是独自垂泪，她和朋友诉苦说，其实自己根本没有想和老公离婚，她之所以采取这样的手段，是想挽回男人的心。你仔细想想，男人从一开始追求你到与你交往、再到娶你，喜欢的不就是你可人的模样？婚后你为了柴米油盐酱醋茶的琐事开始心烦，甚至孩子的大小事也要揽在身上，你看老公乱丢东西不爽，老公看你唠叨不顺眼，这样相处下去，男人自然想寻求外界的温柔。这时你应该先冷静下来，相信事情一定会有转圜余地，毕竟你才是那个跟了他十几年、最了解他的女人啊！

有太过紧张、冲动的元配，也有懂得冷静、步步为营的例子。我另外一个已经和老公结婚六年的高中同学，她在婚后第五年、第二个小孩刚出生没多久就怀疑老公出轨了。后来她从老公同事口中探听到，老公与某个业务往来频繁的客户过从甚密，全公司上下都没人知道他们两个人哪里来这么多业务机密要谈。后来这个元配还接到了小三打到家里的电话，劈头就问她老公在吗，找不到人后就马上挂了电话，这行为很不寻常。久了之后，小三变本加厉，每天打电话骚扰她，我这位高中同学虽然早婚却没被冲昏头，至少人还是像当初我认识她时一样精明。

她先是不吭气，也不做任何动作，好像彼此都心照不宣。她看起来是有点消极，但实际上她早就摸透了老公的个性，所以不先发制人，先忍下来看对方怎么出招。这样打太极的方式，老公自然也没办法借题发挥说要离婚。于是元配任由老公和小三同居，自己过自己的生活，寻找别的重心。就这样老公和小三相处了一阵子后，发觉了一个事实，那就是女人都一样，即使是原本温柔的小三也有她“河东狮吼”的一面。尤其大多数的小三都知道自己的处境，为了控制住这个抢来的男人，她们总习惯控制男人的金钱，生怕自己的地位有天又会被小四、小五给取代。

最后，这个男人乖乖回家了，回到曾经嫌弃不已的元配身边。他明白了，这世界上的女人走进了家庭，再温柔的小猫也会改变的。

其实大多数出轨的男人，一开始都只是为了尝鲜，寻求家庭没有的温柔，然而心中不一定想要离婚。毕竟再怎样，这个老婆也是他明媒正娶进来的，再如何都应该维持家庭的完整，这样不只是给父母的交代，也是给小孩的交代，尤其不想让同事看笑话。所以一旦发生小三闹进家里的事情，元配们千万要冷静，毕竟你行得端坐得正，你要先摸清楚小三的底细，不要同她硬碰硬。在男人面前像张牙舞爪的猛兽，怎么样都不会好看，也更容易给男人借题发挥的机会。

虽然每次听到外遇的故事，我第一个想法都是希望元配离婚，重新过好自己的生活。不过，大多数的元配宁愿选择不离婚以维持一个家庭的完整。那么，就只好戒急用忍了，好好发扬你元配该有的美德——痴心和等待，让男人明白，其实对他最好的女人是原本的那个，如此才有让他回头的机会。

冷静的艺术：不为小三动气，就当她是眼皮底下的沙粒

小三就像小强，是全世界最懂得生存、到哪儿都会看到踪迹的生物。如果你眼里容不下她们，记得第一件事就是：看到她们的时候先别惊慌失措，备好保命用具，冷静观察她们的行踪再伺机而动才是上上之策。

『分手』两个字，说久了就会成真

情侣相处，难免为了琐事发生不快，但切记吵架时不能把『分手』两个字放在嘴边。别说错在对方，也不要翻旧账，因为那只会让对方觉得你是个不懂反省、只会怪罪别人的『小心眼』。

很多人在吵架的时候，总是会在盛怒之下说出“我们分手吧！”这种气话。通常会这样说的人，其实心里并不是真的想要分手，他们只是单纯希望用这句话来吓吓对方，以为这招能让对方先低头认错，以此证明对方真的很爱自己。

如果你碰到的是真心喜欢你的人，真舍不得你，别说只是低头示好，就是要他上刀山下油锅也是在所不惜的。但是别忘了，虽然人家疼你，你也不应该把他踩在脚下。我看过一些例子，许多人仗着另一半宠她、爱她，就感觉自我膨胀，完全失去了两个人交往时的深情，只剩下服侍太后般服从式的相处。这种交往模式有必要吗？你需要的到底是恋人还是佣人呢？

小珊是个爱情占有欲极高的女孩，因此虽然只有20岁，但是已经交了快一打的男朋友了。原因就是两个人每次有争执时，小珊总是以“我们分手吧！”当作杀手锏，每次都以为万无一失，偏偏最后总是一语成谶！这是因为男生怕了，还是小珊认真想分手？

其实小珊条件很好，就是脾气倔，老喜欢为小事赌一口气。她喜欢被男生捧在手心的感觉，如果没得到公主般的对待，她会以为男生对她的感情变淡了。这时候如果脾气又上来了，小珊便会与男友吵个不停。一旦她吵到没什么可吵的了，又总是习惯把分手当成最后通牒，打算试探男友的心意。一开始男友总是先求饶，几次下来，男友发现小珊其实是虚张声势，说穿了最怕分手的其实是小珊自己！最后男生既受不了小珊的倔脾气，也真觉得交一个爱吵架的女友没什么意思，不如图个耳根清净，赶快分手的好！

这时，小珊才开始害怕，发觉似乎没有挽留的余地了，任凭她如何好说歹说地挽回，男友就是不回头。小珊总是最后才明白，一直说分手是有可能会成真的。因为每个人都有自尊心，男友会觉得每次只要一吵架，小珊就搬出分手这句话，好像男友没有她不行似的。这种始料未及的结果，小珊并不是第一次碰到，但是谈了这么多次恋爱，遇到这么多男生后，为什么还改不过来？

有多少人像小珊一样，吵架时认为千错万错都是对方的错，一直翻旧账，动不动就说分手？其实吵架说的话难免带刺，即使没有造成立即性的伤害，也会让人把疙瘩哽在心头。

我曾经看过探讨男女大不同的书，里面写着：有对夫妻吵架，两个人没说几句语气就冲起来了，丈夫掉头要走人。这时候妻子突然口气软了下来，告诉丈夫说，请你留下来，试着了解今天我的情绪为什么不好。当这样改变姿态时，丈夫也突然觉得自己情绪太过起伏，开始反省自己似乎不应该这样对待妻子，于是两个人重修旧好。

爱情总是充满了成见，要成就一段圆满的爱情，不外乎是以自己的诚意和对方的真心来调和。如果两个人发生了不愉快的事情，你能够再多想一分钟吗？你能够暂时放下变坏的情绪，给彼此一个机会吗？如果你能够学会调整好自己的情绪再出发，尽量避免数落对方的不是，也少将分手挂在嘴边，试着在爱中反省，相信下一次，你的情人会更能够明白你的感受。

冷静的艺术：吵架时不把『分手』挂嘴边

对方如果已经给了你面子，你就应该见好就收，然而有的人习惯咄咄逼人，抓住机会就不留情面，总是拿分手当威胁，试想这样被胁迫的方式，谁能接受？这样有一天肯定会弄假成真的。当你喊了几次狼来了，对方就明白你只是在习惯性地唬人，于是他再也不相信你，任凭你哭闹也视而不见！

摇尾乞怜，不是挽回爱情的最后一招

曾经看过一部电影，剧中主角突然被狗咬住左脚，左甩右甩怎么样都甩不掉，用食物引诱也不成，最后只好忍痛叫人来赶，终于赶走了！然而，左脚的伤和野狗身上的棒痕，呈现出两败俱伤的结果。

偶尔我们就像那只野狗，虽然有着可怜的部分，然而当人避之不及想要甩的时候，我们却反扑似的只想硬咬，让对方甩也甩不掉，仿佛那是最后一根肉棒，错过了就再也食不知味。

阿芳和小林交往了三年，两个人时常争吵。阿芳一开始觉得两个人个性不合，然而彼此感情还存在，于是愿意退让，暗自想着或许再过一阵子小林就会有所改变，两个人又能像当初一样甜蜜又开心。谁知道在前阵子小林突然提出分手，阿芳无法接受，开始苦苦哀求，并不断地写纸条、写信、发短信，甚至守候在小林家门口。第一次小林心软让阿芳进去，两个人重修旧好，但是几天后阿芳故态复萌，争吵后又闹分手，还是用一样的可怜模样乞求小林回头，甚至搞到一哭二闹三上吊的局面。然而小林怎样都不愿意再回头了，更狠心地把所有能够联系到他的方式都换掉，搬家，换手机，甚至换了新工作……

我常常在车阵中看到一个卖玉兰花的老妇。她穿梭在危险的马路中，只等着短暂红灯时能得到路人与驾驶员的垂怜。第一次看到，我会十分同情地摇下车窗购买两串玉兰花，想要让这份爱传得更远。然而，随着时间推移，看到越来越多这样的人，甚至在电视报纸上看到可能内有诈骗集团贩售爱心的情形，我开始思索，这些卖玉兰花的人真的是诈骗集团背后操控的吗？到底这样的爱心给了谁？而我是不是那个助纣为虐的人呢？当看到小林这样狠心的时候，阿芳周围的朋友就开始不断地围剿。不理解小林怎么会抛弃这份多年的感情，对阿芳避之不见。可真的是这样吗？我在思考。

当一份感情不断地磨着磨着，甚至分手时仍旧拖着，只会让当初最纯粹的情感变质。若想要复合的那方摇尾乞怜地求着、流泪，久了也会让人麻痹！当甩不掉时，只能用最最残忍的方法：不看不听也不见！

如果阿芳在第一时间就打住，或许还会在这段时间中唤起对方的记忆，这份情感还能保有曾经快乐的画面，也可能在两个人还没想清楚的时候，会有复合的可能。然而这样子的死缠烂打，只会让对方像断了线的风筝般越飞越高，越离越远，直到消失在无边的天际线，再也看不到。毕竟经过了这段死拖活拉的过程，双方心中早已有了芥蒂，即使再和好，也无法完好如初。

前两年爆红的平民歌手林育群曾经接受脱口秀访问，提到了念书时期被欺凌的往事。他对那段故事直言不讳，但也认为报复那些欺负他的人的方法，就是过得比他们好，活得比他们幸福。我想，被甩的人就像是被欺凌了一般，在感情的世界里只能任人宰割，但总是会有东山再起的一天。人不会永远低着头走路的，最好的办法，就是像林育群一样，过得比那些人幸福快乐！

阿芳应该试着走出来，而非只想着摇尾乞怜让小林回头。这个道理，我想是进入婚姻生活后遭到不平等待遇，甚至是家暴，最后却为了家庭、小孩忍气吞声的那些人，都该懂的。

冷静的艺术：让自己独立，不应该依附他人生存

不要因为一段恋爱就糟蹋你的人生，总是回头挽回那个不懂得欣赏你的好、不珍惜你的爱你的情人。

重启你的生活，别再傻傻地等待，也别再摇尾乞怜地求着用暴力的语言伤害你的旧情人，报复的他最好方式，就是过得比他好！

争吵必有因，千万要有处理的勇气

情就像穿一双新鞋，当你发现这双鞋会磨脚的时候，需要贴个创可贴在脚底，如果放任不管，这种不舒服的感觉会一直烦扰着你。即使鞋子的样式、图案你都喜欢，但它对于你而言却永远不会是双好鞋。

我时常在博客上与网友分享恋爱故事与相处心得。有一次一个男网友留言给我，他说他还是很爱前女友，两人非常相爱，但是相处时很容易争吵，每次他都是沉默面对，不想起冲突，但他知道就算自己一直隐忍，最后也总是会有爆发的一天。他不知道怎么处理这件事情，明明很爱她，却无法阻止这段关系走向恶化，在几次争吵后他选择了放弃。不久之后，他和另一个女人交往了，然而前女友的影子仍在他心中挥之不去。

这件事情的关键就在于男生没有处理事情的勇气，一旦遇到两人个性摩擦就无所适从，立即放弃。而当爱已逝，他又开始怀念最初的美好。人与人在相处的过程中一定会有摩擦冲突，争吵也是不可避免的，还得看两人个性的磨合，要学会怎样处理及修补，一旦你习惯性地选择逃避，就会让相同的情形恶性循环下去。你的爱情既然断得不够彻底，当然会影响之后的感情。

这个网友不停地问我，到底该怎么处理？因为现在的他进退两难，虽然已经有了新女友，但还是会和前女友约吃饭，少了争执，好像以前甜蜜的时光又回来了。于是，他陷入了不知该保持与现女友稳定的关系，还是该追回前女友的僵局中。

我要他思索一下对他而言哪份感情比较重要，以及现在想选择的是哪份感情。有些人会想选择未来结婚的对象，那么考量的重点一定和谈恋爱的要点不尽相同。有时候你很喜欢一个人，却不一定能和她走得长远；感情没这么深的对象，反而个性和你极其适合，能够与你细水长流地走下去。

因为双方对吵架的认知不同而造成沟通上的误会，这样的例子在情侣交往之中层出不穷，也是每个人在每一段感情中必须学习、面对和成长的课题。有人为了要使对方了解自己的想法，总是以吵架当作表达，争得面红耳赤却只换来对方冷漠以对；有人以为先停止讲话，争吵就会停止，也能省了对吵的麻烦，但对方可能会以为这是没有诚意的解决方式。

吵架时要有处理的勇气，放任不管永远解决不了问题。吵架并不表示彼此不爱对方，也不是关系的结束，但如果不能妥善处理吵架问题，或往正向方面沟通，一定会产生分手危机。换个角度想，吵架不也是一种沟通吗？但争吵后一定要好好处理，而不是仅仅靠吵架发泄情绪。因此在吵架时，处理的勇气就相当重要了。

冷静的艺术：
吵架是最无谓的感情罢工

感情就像间工厂，从生产线、组装到检查、处理，缺一不可，如果其中一条线出现失误，你不愿意处理，就会造成后续工作无法进行。解决问题才能继续工作，而不能解决，放任失误越来越多，只会造成停工！如果之后你想要重新运作，也会发现困难重重，损失得可能比当初遇到的那个问题更严重。

控制欲太强，是关心还是监禁？

一旦谈恋爱，每个人都希望身边的人能永远陪伴在自己身边，有的人是小鸟依人霸着不放，有的则是用感情的项圈把他紧紧套牢，你是用什么方式对待你的另一半呢？控制欲太强，如果遇到的是喜欢被管束的男人，确实可以庆幸你俩是天造地设的一对，但如果你完全没给对方喘息的空间，这段感情迟早会人去楼空。

有主见的女人不代表有控制欲，而有控制欲的女人，一定非常有主见！这句话是我看了很多朋友的故事后归纳出的结论。有些女人表面上看起来很和善，刚开始交往也能让男人觉得好相处，但是在两人感情稳固后，这种类型的女人便开始想控制对方。小到对方的打扮，大到工作出差以及未来努力方向的决定都要发表意见，还总是认为自己的主意万无一失。情人若是不愿意遵照她的意思，就会得到一阵奚落，还会被指责辜负她的心意，最后又是一顿争吵和冷战。

我认识一位在补习班教课的单身男老师，姑且叫他小赖吧。有一次，他去营业厅办手机业务，因为对智能手机感到好奇，就与负责接洽的女店员多聊了几句，没想到从手机聊到了附近的美食，又从美食聊到学生生活，发现原来两个人居然是同一个小学的同届校友。这样的因缘让小赖觉得应该找机会与她多接触，没想到女店员主动留下他的电话，要小赖改天到店里拿新办好的手机之前先通知她，她可以提早下班，两人一起去吃谈论很久的美食。

几次来往后，小赖觉得这女生很亲切，个性也不错，一开始还跟朋友开玩笑说这女生是潜力股，虽然身材略显丰腴，但说不定以后瘦下来会很漂亮。结果不到半年，小赖就举白旗投降了！理由是这女生很有控制欲，小赖的手机只要有来电，都得先被她接过去，检查有无姓名显示，如果有就悻悻然交还小赖，如果没有名字，就会逼问这号码到底是谁的。偏偏小赖也是一脸无辜，既然没显示名字，哪会知道是不是那种银行啊保险公司啊打来推销的，但这理由显然无法让女生满意。到了后来，她开始变本加厉，直接成为小赖的接线生，所有电话必得先经过她的打探，确定姓名，然后问和小赖的关系，一些补习班的女同事，还会被当成犯人审问，害得小赖每次在补习班里总得忍受同事们的冷嘲热讽。

本来小赖因为工作原因无暇认真找寻感情伴侣，还为只是办个手机就找到了这个好相处、伶俐又贴心的女生而庆幸，结果没想到是找了一个管家婆回来。刚开始小赖默默忍受，直到这个女生连金钱也要控制，说什么小赖在补习班工作赚的钱应该很多，很值得投资理财，要他把存折拿出来让她处理。后来小赖怕不给女生会没有安全感，就把身家财产全交给了她。之后小赖还被规定，每天上班前找她领五百元的零用钱用，其他的支出都必须先向她申请，经过她的同意才可领钱挪用。后来，大约在交往的两年后，原本的二百万元存款不见了，还负债五十万。小赖不知道这笔钱是怎么消失的，只知道中间一直被这个女生用哪笔基金、股票值得投资，应该早点出手才能钱生钱的理由说动，但事实上，小赖从头到尾也没见到存款的数字有任何增加的迹象。最后，还是因为银行来了催账通知，他才发现原来这个女生瞒着他刷了多次高额消费，到了存款无法负荷时，这个女生终于坦诚相告，而小赖也才看清事实，提出分手，结束了一场闹剧。

控制欲的接受与否因人而异，像是故事中的小赖初期觉得没有关系，一点点的限制可以接受，反正平常也很少出门，从补习班下课后就直接回家。直到后来金钱、家人，甚至朋友越来越少时才惊觉不对劲，开始思索这段感情和自己的想法有出入，才决定放弃。

两人交往应该尊重对方的决定，不应该加以干涉，以免影响感情。你可以要求情人存钱或是定期投资，但不要直接掌控，甚至代为支配。情人的行踪可以汇报，但却不宜强迫盯梢，让人无法喘气。恋爱关系中最危险的就是不自由，因为无论是谁都无法接受这样或明或暗的监控生活！

3

冷静的艺术：适度给予对方喘息的空间

爱情需要适度的自由，太强的掌控欲容易让感情变得扭曲，想要抓住男人的心，不一定要当只温驯的小猫，但也不应该以为把男人彻头彻尾抓在手心里就是对的，过犹不及，就是这个道理。

第4章 相处的艺术

情侣相处，即使没有同居，或多或少都会出现一些问题。要让两颗心没有隔阂地紧紧依偎，就要学习在相处时了解对方在意的重点，不要轻易越界。保留一点空间给彼此，不刻意踩线，才不会引爆相处的地雷。

你要的，并不一定是他想要的

「情侣相处需要默契，彼此少了默契又不沟通是最容易发生误会的时候，只靠自己对对方的了解来相处，很容易就会发生『你认为对的，对方都否认』这种情况，以及你单方决定的事情，被对方认为你独断专行不尊重他，造成不必要的摩擦，让两个人都不开心。

淑玲的个性一向比较急，而明硕的个性比较温吞，两人常会发生一方决定事情，而另一方觉得没被尊重的事情。像是决定交往三周年的情人餐订位，就让两人起了口角。明硕考虑到情人节的晚餐约会总是车满为患，希望找个方便停车又不会距离公司太远的餐厅，这样下班过去比较方便，否则一旦堵车或等上菜就会很浪费时间，同时他记得淑玲早在一个月前就说过想去那家主打排餐的高级餐厅，因此便赶快预约订位；而淑玲心里想的却和明硕订的不一样，她临时在网络的美食餐厅网站看见很多人推荐的法式料理在情人节当日有用餐优惠，心急的她打电话过去，刚好抢到了为数不多的位子。当天下午明硕和淑玲约晚上碰面时间的时候，才知道淑玲也订好餐厅。明硕不禁皱了眉头，觉得很不受重视，明明他找的就是之前淑玲念念不忘的餐厅，怎么淑玲临时又变卦，找了一家不好停车、距离又远的餐厅。

后来明硕耐着性子吃完了那顿情人节晚餐，虽然淑玲整个晚上因为吃到了网络人气餐点而觉得幸福，但明硕知道他们两人没默契的状况已经不是头一遭。后来又有一次，淑玲原本答应明硕，要在过年的假期里陪他一同去南部老家看望父母，结果淑玲后来却告知他，已经帮两人订好机票，准备去泰国度假。压抑了很久的明硕终于按捺不住，生气地说：“你不要每次都擅自做主，难道你自己决定好的，就是我想要的吗？”淑玲也不甘示弱地回应："这是为你好，而且我先帮你准备好机票食宿了，明明就是体贴的行为，你在气什么？"明硕说："你要的，又不一定是我要的！原先不是说好要回南部吗？你这样算不算食言呢！"确实，我们常遇到的情形就是，"你要的，不一定是我想要的。"很多情侣在分手后，才知道对方心中最真实的感受是"你一直不够了解我，以为你付出的就会是我想要的"。而情侣相处，本来就必须多为对方着想，如果总是以自己想要的方式去经营感情，彼此之间自然少了默契，从而造成两人相处的隔阂。这种自己认知过度，却和对方的认知有落差，总是擅自做主、独断专行地为对方决定，最后再丢来一句"我是为你好，这是体贴的行为"这样的话，这样的行为对两个人的感情伤害很大，因为这会带给对方困扰，把自己的自以为是搞得好像是对方的错一样。

基本上，不论情侣或夫妻都会遇到沟通的问题。有些人通过吵架发现问题，及时解决，不让吵架影响感情；有些人大吵后一拍两散，闹到分手。由此可知，吵架也是一门沟通的学问。通常把难听话说出口的那个人不会明白听到它的人的感受，因此吵架时，如何表达就成了重点。

"沟通是建立感情的基础"，这句话其来有自，如果凡事多为对方着想，自然会让感情更好，把自己的主观想法暂且搁置，试着了解彼此的想法，修补差异，厘清错误，才能促进感情。

其实，有时候只是一瞬间的想法，如果肯多为对方想个几秒钟，甚至主动寻求对方意见，那么情况一定会改善许多，而不至于让事情越弄越拧、难以收拾。也许问题并不一定出在引发争吵的那句话上，而是出在强行将自己的观念套用在所有的事情上。因此，每件事情的决定，不能自作主张，等造成情人的不愉快之后，又开始找借口。

你想要的，不一定代表对方也想要；对方不想要的，千万不要强迫他接受。情侣相处如果存在强迫或勉强，就像是被对方禁锢一样，只会变得越来越不快乐。当他的不快乐也传染到你身上时，你才会明白双方的认知自始至终都有落差，一旦这状况发生，你想要改变恐怕也为时已晚了！

4

相处的艺术：多听对方意见，不一意孤行

两个人交往当然会有两个人的观念，要学会将对方不同的意见纳入每件事情的决定当中，才会减少『你想要的，不是对方想要』的窘境。当你能够导正这种观念，逐渐产生『这是我们想要的』的共同的默契，就不会再发生对方因为你擅自做主而不开心的事情了。

沉默，是感情的隐形杀手

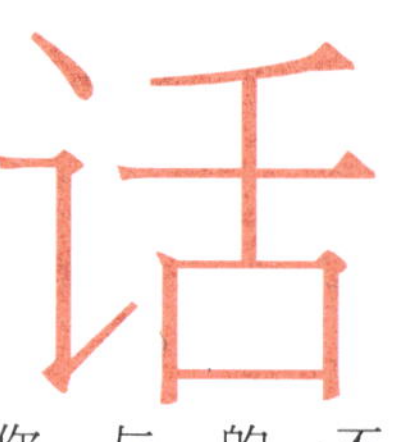

话不投机是最糟糕的相处模式，试着让自己成长，成为能与对方匹配的另一半；如果你已经找到了合适的另一半，那么请你好好珍惜，与对方共同进步；如果现在你遇到的情人，彼此还在磨合，那么请你为你们找个共同的话题，从而让情感增温。

感情的进展往往有个进度表可以遵循："陌生→聊天→交往→深谈了解"，接着再从"深谈了解"往外发展出两条路，那就是"相知相守"与"形同陌路"。感情进度表中最重要的就是聊天了吧，不论是从陌生阶段晋升至朋友阶段，或者是朋友身份转变成情人，两个人聊天的默契和聊天的内容都关系着感情的产生。然而其中最吊诡的，莫过于一开始聊天、互动都良好的两个人，交往久了后却不能这样频繁地聊天、互动，甚至到后来有可能出现话不投机的状态。在一起的时日一久，就变得很难分清到底是感情太稳固以至于不需要用聊天来证明爱的深刻，还是因为不爱了所以两个人都不想再搭理对方。当话题不再相同，聊天次数开始减少，互动也不比从前，这样的落差，难道两个人都能视若无睹吗？

通常大家选择情人的条件不外乎外在顺眼（甚至优越），其次是经济状况良好（甚至要有车有房），但我有个朋友很特别，她说，一定要找个可以聊天聊很久的伴！我问她为什么，毕竟一开始不熟自然聊不起来，这一点很重要吗？她说："能够聊天谈心很久的对象，才是日后真正能走进心里的那个人，这也是我谈过这么多恋爱后所总结的最关键一点。"

我的另外一个朋友霏霏，标准的小家碧玉，是长辈亲友团极力争取安排相亲的人选，但她总是拒绝，明明都单身一年多了，却死心眼地只记着前男友。我听过他们的故事，也为她的感情深感遗憾。霏霏和前男友从大学时就是学长学妹的关系，学长在毕业前夕向霏霏表白，两个人便开始了爱情长跑，一直到学长而立之年，两个人才分手，在这期间，霏霏说学长唯一的缺点就是话少，应该说是极少，几乎沉默。

他们决定在一起之后，因为霏霏属于小鸟依人的类型，所以尽管学长并不是很浪漫的人，但也算踏实不花心，所以霏霏并不觉得话少有什么不好。但在两人陆续进了职场之后，每天带着疲累的身心回到租住的屋子，霏霏等的无非就是和心爱的另一半聊聊天、分享工作心情与一些只有情侣知道的私密小事。但学长却从来不搭理，他只是自顾自地玩着他的电脑、看着他的电视，家里唯一能和霏霏对话的，只有因为寂寞领养的花猫。

这种情况就像两个陌生人住在同一屋檐下，随着沉默的时间越来越长，霏霏也不再带着满腔热情等候学长回应。她为了排遣无聊寂寞的时光，把工作当成生活的重心，还利用业余时间带猫参加网络发起的猫友聚会，想着这样让自己有更多的事情做，才不会觉得家里的一切都让她感到空虚。

后来霏霏在热情的猫友聚会中发现，其实聊天能让她的生活感到满足，因为她可以在别人的话语中得到一些回馈与想象。每个人都有自己的生活方式与故事，有些值得她学习聆听，有些则让她暗自反省。当她渐渐觉得聊天在某种程度上也是成长中重要的一环时，她终于知道学长已经不能再陪她走下去了。

当她努力学习往前走的时候，学长却停滞不前，仿佛不欢迎她走入他的世界，他把自己的世界封闭了，然而这不就是两个人在一起，应该相互开放的空间吗？

最后霏霏感叹地告诉我，遇到一个好情人，是可以无所不谈的，两个人的生活原本就是畅所欲言共同营造出来的，如果没有对话交流，怎么会有家庭的蓝图可以规划？这番道理，其实我现在一直放在心中，霏霏的想法，或许也值得大家借鉴吧！

相处的艺术：寻找两人共有的兴趣培养感情

如果一开始彼此就缺乏沟通和共同的兴趣，那么要好好相处就会难上加难，更不用说步入婚姻了。其实没有一个人可以幸运到马上遇到适合的另一半，如果有幸遇到，那真的是天大的幸运。但是若在历尽千帆之后，才发现遇到不适合的人，无疑会更寂寞，所以选择对象，还是从有共同兴趣的部分开始着手吧。

感情可以自由，但不能放纵

你会随时偷看情人的手机短信吗？还是跟上潮流使用手机的视频通话功能，看看情人到底在哪里？当你用这种无形的制约束缚情人的时候，到底留给他的自由空间额度有多少？然而，自由并不是放纵，爱他，也要有所约束而非一味地纵容。

不论你现在是否有另一半，先想一想这个问题：两个人在相处过程中，最重要的是什么？

我相信浮现在你脑袋里的应该有体贴、自由和在乎吧！两人相处久了很多事情都变得理所当然，你会随口问对方几时回家、去哪里、做什么，甚至休假也要求他和你在一起。这些事情自然的就形成了两个人交往时制约对方的一条隐形线，但往往也因为自然，所以更容易让人深感无奈。

我做过一个有趣的心理测验："你觉得情人对你来说，像赛鸽、风筝还是家狗？"这个测验主要测试的是你看待情人及经营感情的态度。如果你选择赛鸽，那么你对待情人的态度就是信任，放他飞翔，累了就回来，不爱了就算管也没用；选择风筝，就像喜欢操控风筝一样去操控情人，但如果风势太强劲，风筝断线就再也回不来了；选择家狗的人，对情人管得很严，其实紧紧抓住对狗不太好，要适时地收放才是管理情人的理想状态。

对待情人就像这个测验一样，一味放任的话只会让情人越飞越远；但你管得越严格，也容易让情人反弹。给予对方多少自由的确是感情生活中很难拿捏精准的练习题，但心中一定要清楚，给予自由不一定就代表放纵，给予约束也不一定就是不给喘息的空间。

爱情的约束是需要聪明智慧的。我的一个朋友对待情人，用的是一套把老公当作客户的理论。如果他是你的业务伙伴，你会怎样对待你的客户？在有金钱上的往来的情况下，你一定不会很严格地管，因为用管教的方式对客户是不礼貌的，但你又不会放任你的客户不管，毕竟还得争取下次的收款呢！重点是逢年过节你一定会关心客户，但也不会显得太过矫情而阿谀奉承，所以自然保持着所谓的收与放的适当距离。此外，你也会定期给客户打电话嘘寒问暖，问候他的小孩或是关心他家的宠物减肥有没有成功，当然另一方面是要建立起良好的友谊。客户需要你的关心，但不会同意你过度打扰；情人也一样，适度在他眼前出现，在他耳边叮咛是很好，但不能完全渗透进他的生活，毕竟他的生活是他自己建立起来的，你闯进去，就是一种打扰。只要想清楚这层关系，你就能够清楚拿捏两个人的距离。

曾看过朋友的例子，有对夫妻结婚后仍然拥有彼此的空间，拥有自己的交友圈，双方尽可能地不限制对方，充分保有自己的私人空间。周遭的朋友听闻，不禁发出惊叹：这样真的是自由吗？大家都在猜这样的自由会不会让他们随意乱来，给予彼此犯错的机会。其实对于这个例子总是见仁见智，我们可以说他们夫妻两人非常信任对方，愿意给彼此最大的空间，让他们的心延伸到无限宽广的地方去，没有界限，自然更能让感情走得更长远；而为这种关系提心吊胆的人，或许是太没有安全感，认为这样的相处模式让感情像断线的风筝，一旦飞走，就永远回不来了！

还是要多从放风筝的原理来看待相处吧，风筝随风飞扬，越飞越高，看起来就像拥有了更广的视野，而这一切都会让你觉得你个技艺高超的掌舵者，也会因此无比欣慰。但有时候你还是得牵扯一下手中的线，以防风筝的方向偏了。只有时时刻刻在收与放之间找到平衡点，你才能让这只风筝回到最初设定的方向，翱翔天际。

相处的艺术：
不把情人绑在身边

爱一个人，就应该给予他适度的自由，啰唆和限制绝对是爱情的隐形杀手。将你的线放长，尺度变宽，偶尔再重新丈量，在一收一放中，达到两人的平衡。别一直抱怨找不到对象，说不定是你一直用错方法呢！

请给爱面子的他留一点情面

愤怒中的女人总是忘了，重视面子的男人，最讨厌的就是女人在外人面前给他难堪。这是最忌讳的事情，然而女人总是不断地挑战这件事，仿佛在狮子头上拔毛一般，测试着这份爱情的坚固程度。

男人都是要面子的，在家里希望女人对他言听计从，在外面喜欢女人对他千依百顺。有时候我常想，男女的天性差别就这么大吗？或许这和社会价值观里总认为男人应该扛起一切责任的观念有关吧！也因此，男人被这个社会训练得希望另一半不忤逆自己意见、对于任何自己交代的事情照单全收。

所以，千万不要当着外人的面让你的男友感到难堪，他不会喜欢比他强势的女生，也不会喜欢一个让他无法控制的女生。有这样一个常见的状况，当男人与女人独处时，女人喊累撒娇要男人帮忙按摩，男人或许会放下手边的电视遥控器照办，甚至吵架时，女人偶尔发飙指责，男人愿意低下头轻声细语求原谅，但这样的情况要是换成在外头，在众目睽睽之下，女人要男人帮她按摩或者借机大吵，男友肯定会大发雷霆，好像整个人变得六亲不认。之前我曾经帮朋友处理一个家暴的案子，那天朋友在大半夜打电话给我，原本该是好梦正熟的时间，忽然电话响起，事情肯定很紧急，果然我一接通，就听到朋友在电话中泣诉老公家暴。原来是朋友在外人面前说了老公几句，结果面子挂不住的老公，回家后心有不甘，马上抡拳动脚，把我朋友从客厅打到卧室，还一度反锁卧室门，不让家里的小孩看见他们打架的场面。朋友的老公是狮子座的，就我的相处经验来看，狮子座的男人的确是比较在意外人看法的，因此当我朋友为了小事在外动口之后，自然触碰到老公的地雷。

我深深觉得，恋爱中的男人女人，想要博得对方欢心，让爱情长久，首先必须先读懂对方的心，了解眼前人的个性，就像你明明不喜欢对方做什么事，但有一个人硬是一直触碰你的底线，你一定会起身反抗。所以当你的男人是个需要你帮他做足面子的人时，在交际应酬的场合请你一定要给他留一点情面，否则他会认为别人会就此看轻他，以为他连老婆都搞不定，一旦这样，他便会怒气攻心，让你知道到底在家里谁才是老大。

有一次和几个女生聊天，聊到了怎样维系感情。其中一人已经和男友交往了七八年，感情还是维系得很好，身边的朋友都称他们是现代的“神雕侠侣”，称羡不已。这个女生说，她男友会疼她是因为她会在外面为男友做足面子。在外人面前时，尽量当个听话的女友，想要发作等到私底下没有外人在的时候，才会开始噼里啪啦地道出不愉快。在场的人纷纷点头，认同她的相处之道。

女人最大的武器就是能伸能屈，想要幸福除了做个会给男人面子的女人外，也要学会独立和体贴对方，毕竟懂得为人着想的情人才值得疼爱。虽说不一定什么事情都要顺着他的心意，但是转念一想，偶尔当个温柔的女人，给他们一点甜头吃，这样不是也很好吗？

相处的艺术：适时给男人一个下台阶的机会

强势的女人不见得幸福，不给男人面子的女人，通常感情运都不是很好。学会给自己的男人台阶下，适时地当一个善解人意的女人，这对两人的感情有百利而无一害，所以别轻易踩到男人的地雷，也别不给他面子，否则一吵之下肯定要申请家暴令了！

安静的陪伴，远胜过叮咛说教

当另一半需要你的关心时，请当一位静静聆听他心事的天使，而非一味地说教，以为自己是来拯救他的上帝。

曾有新闻报道过一对令人称羡的老夫妻，97 岁的朱溪先生与 92 岁的朱林瑞香女士，结缡 73 年来，夫妻感情融洽，很少吵架，即使偶有意见不合斗斗嘴，隔天也是“船过水无痕”。我注意到，谈起两人的相处之道时，朱溪紧牵着老伴的手笑着说：“我少说两句就没事了！”

两个人的相处之道是双方都该好好学习的事情，如果像个爱说教的老师，会让人很厌烦。叮咛小事情是贴心的表现，比方天气不好，提醒对方天冷要多带衣服，出门要带伞，等等，这类小叮咛很暖心。然而不少人想长期改变情人的习惯，比方要求他每天先上厕所再洗澡，或者是吃完东西马上把碗盘洗干净。这些小事情其实有时可以睁一只眼闭一只眼，偏偏你要拿来大做文章，就算你讲了一堆大道理，想要改造他，也只会让他格外痛苦，好像家里多了一个训导主任一样。

我在朋友身上曾经看过火爆的场面，两个人从一言不合演变成全武行。朋友长期忍受精神与身体上的双重暴力，久了她自然隐忍不住起身反抗，但这样只会让两个人的关系变得更僵，一吵起来，家里的锅碗瓢盆、唱片杂志齐飞，有一次差点连鱼缸都没放过。起因只是男人抱怨上司对他百般挑剔，一直指责他的业绩没有增长，老是在公司排最末，而我朋友明明一开始好言相劝，后来想让老公振作，就开始讲道理，最后连哪个亲戚做业务做得很成功都抬出来说，老公觉得她在嘲笑自己，好像自己的办事能力不足一样。他们开始误会彼此，老公无法接受指责，偏偏块头又大，情绪脾气一上来，动手打了我朋友，就此种下夫妻感情破裂的种子。

后来我告诉朋友“一个巴掌拍不响”的道理。很多时候，男人脾气上来时，需要的可能只是关心的话，而女人却在这时碎念几句，两人就爆发了冲突。男人在外工作总有不顺心或是想发泄的时候，当他有可能努力熬夜交了报告还被老板退回来，回家向你吐苦水寻求安慰时，只是希望得到一点支持。而女人却搞不清楚状况，还大咧咧发表自己的意见，听在男人耳中，像是被数落一般，任谁也无法忍受，只会适得其反，让男人更受不了而想要逃离。或许他只是想找个人静静听他的心事，抱着他让他感受到温暖，就像女人每次受伤哭泣时，希望情人做的事情一样。

男人很少会主动表达他的难过与低落，所以在当下，两人表达关心的方式就很重要。因为一般人的既定印象都认为男人的心应该是坚若磐石，他肯向你诉苦，必定是鼓起了很大的勇气。这时候的你，请收回说教的老妈子形象，男人多半是不喜欢被人在耳边啰唆的，对女友当然也是这样。如果你只把说教讲道理时冷冰冰的嘴脸拿出来，而不是用你的真心去听男人受伤的故事，那么男人宁可闷不吭声，将心事隐藏，当两人逐渐有了距离后，感情也很容易产生裂缝。

所以，找到彼此最合适的互动模式吧，当你找到后，并且这样做了，你会发现，下一次他会更乐意向你开口诉说自己的情绪！

相处的艺术：不说话也能让他感到温暖

当男人向你开口寻求心灵慰藉的时候，必定是忍无可忍了，因为男人喜欢压抑情感，直到无法承受才会选择开口。这时候女人只需要静静当个聆听者，好好让你的男人感受温暖，舍弃所有大道理，让他知道有人在支持他，这就是最好的关心了。

不要把负面情绪都抛给另一半

男

女的情绪表达方式不同，女生习惯一次爆发，哭也好、争吵也罢，得到安慰后自然能够平复情绪；男生就比较难，总是习惯先压抑负面情绪，一旦控制不住爆发之后，就很难收尾了。

有调查显示，有一成半的人每天都会生气，有六成以上的人每周会生气一次。这项调查的结果表明，有一半以上的人，每个礼拜至少有一次心情不好的时候，而这种心情状态不只影响个人的身心健康，也影响了生活品质，甚至还会影响另一半，让对方跟着不开心。

以男人为例，基于社会上的刻板印象，男人习惯隐藏自己的不开心，纵使他可能最近运气很差，老板不满意他的策划案、车子因为违章被拖走、这个月薪水全用来还房贷、同事打他小报告……一开始他不会挑明，很有可能先是每天拉着一张脸生闷气，直到负面情绪累积到极限爆发的时候，就造成天翻地覆一发不可收拾的局面了。

有一个昵称月儿的女网友，经常浏览我的博客文章，因为看了其中一篇关于男女相处问题的文章后，鼓起勇气留言给我，说自己平常和男友很少吵架，但每次只要一吵架就是惊天动地地吵，不冷战一两个月是不可能和好的。我问月儿她男友平时不开心时是怎么表达的，她说男友常常板着一张脸，下班回来就是沉默，问他什么都不说，去哪儿都兴致缺缺。是啊，没错！这种类型的男人就是很标准的“火山型男人”，平时习惯生闷气，就像蓄势待发、准备喷出烈焰浓烟的火山，拿不准喷发时间，如果女生恰巧与男人杠上，那阵势真的只有世界末日可以形容了。月儿说她总觉得自己是和一座活火山生活在一起，心里总是忐忑不安，不知道他会在哪个时间点爆发，长久下来，都快要去看精神科医生了。

人遇到压力或挫折时，会产生很多负面的情绪，像是低落、焦虑或恼怒，都是正常的反应。然而，当你心情不好时，若持续地钻牛角尖，已经有的一些负面情绪，就很容易像滚雪球一样越滚越大。这样的负面情绪不仅会带给自己痛苦，更让身边的人觉得痛苦，从而把两人推向忧郁的深渊。

别把负面情绪都抛给另一半，毕竟没人有义务分享你的不开心，更没有人愿意承受你不悦的言语，别让两人处在低气压之下，做一对不开心的怨偶！

相处的艺术：用温柔包覆他的负面情绪

不要把负面情绪都抛给另一半，没有人有义务分享你的不快乐，勿让对方跟着你不快乐！

对于有负面情绪的情人，最好的办法是多沟通，诱导他讲出自己的心里话，当他讲时，先别发表太多意见，很多男人很怕讲出口之后，女人会像直言的魏征一样，给他更大的压力，还不如不说。所以，当他跟你倾诉时，这时候别当直言的魏征，就当个只懂倾听的温柔天使吧。

第5章 尊重的艺术

认清自己在感情中扮演的角色，明白亲密关系要建立在互信的原则上，这是每一对男女都该遵守的法则。

尊重对方，也就等同于尊重这份感情。感情是建立在互信的原则上的，没有人愿意像隐形人一样不受重视，只要有了尊重，我相信任何的难题都能迎刃而解，因为你们做到了彼此真心相待。

自恋的人永远只和自己谈恋爱

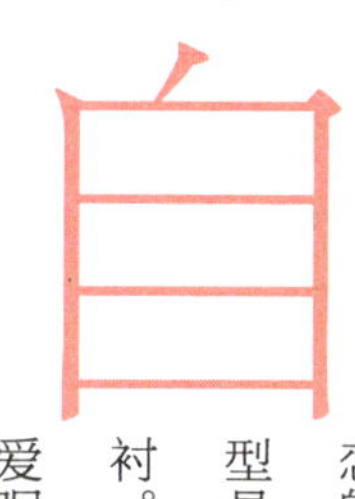

恋的人眼中往往看不见别人，他们只在乎自己今天的造型是否亮丽如常，就算恋人在身旁，也只被他们当成陪衬。有时我不禁想，这样自恋的人，到底是在和谁谈恋爱呢？

“在恋爱关系中，最不喜欢遇到的，就是自恋型的情人了。”小妍这样对我说，“因为自恋的人全然不在乎别人的感受，他总是先想到自己，爱上他的人肯定会很累！”小妍会这样说不是没有原因的，因为她就碰上过自恋的、只懂得自我欣赏的人。

小妍和阿旭是在小妍朋友的聚会上相遇的，只用了一眼，小妍就喜欢上了阿旭，他那白色笔挺的衬衫、合身的牛仔裤，以及梳得完美的发型，都显示出阿旭是个对自己要求甚高的优质男。小妍的自身条件也很好，因此她便主动上前攀谈，没想到阿旭恰巧也对今晚最闪亮的她惊艳不已，两人一拍即合。

接下来两人互换电话开始约会，每次约会只要看到镜子，阿旭必定会多照几下，小妍心想，他还真不是一般的爱漂亮。有时约好了碰面时间，小妍总得在约定好的地点苦等阿旭半天，因为阿旭出门前总会为了当日的造型大费周章，使得约会时间严重延迟。到后来，阿旭越加离谱，有一次相约在台北车站前见面，小妍左等右等也等不到阿旭，一打电话，阿旭说今天精神状况不佳不想出门，但现在已经距离约定时间一小时之后了……两人交往，什么事情都是阿旭决定，甚至连取消约会这种事情，阿旭也是一副不容置疑和不得有意见的样子，丝毫不考虑小妍的心情。

“我真的没办法和这种男生交往，他让我觉得我交往的是杂志中高不可攀的模特或大明星，漂亮自我，但完全不像真人。”小妍这样说。

自恋过度的人不需要在意所有细节，他们太自我，总认为别人是为他存活的，而他只需要照顾好自己。爱上这种人，必须非常有耐心，等着这个孩子般的男人有一天会长大。然而更多的例子证明，这种自恋过度的人，很难长大。

我的另一个朋友 E 女也与自恋男交过手，当然，最后还是铩羽而归。他们是通过 Facebook 认识的，第一次见面，这个自恋男就在不停地说自己多受欢迎、多厉害，无论工作或者是以前的情史都被他吹得天花乱坠，E 女没有回应，她以为这只是自恋男跟女生攀谈的方式，虽然没有特别的好感，但也不算太坏。谁知道第二次碰面之后，自恋男就直接在 Facebook 里按下“稳定交往中”按钮，并发给 E 女。E 女很错愕，不明白怎么会有男人自恋到以为才见面两次自己就喜欢上了他？于是她选择拒绝，还按下了“略过”，后来男人持续邀约，两人偶尔会一起看电影或逛街，但 E 女心中很明白，应该很难与这个自恋男再进一步发表了。

终于某一天，自恋男从她的生活里消失了，E 女也没觉得可惜，只猜想他应该是转移目标了，后来再看见他已经是三个月之后，E 女刚好发现自恋男的 Facebook 出现和别的女人稳定交往的状态，并且大肆宣扬两个人有多恩爱。E 女看了只是冷笑暗想，还好当时没有陷进去，因为太过自恋的人，必定花心，他总是以为每个女人都逃不过他的温柔情网！

自爱，并不代表自恋，你可以很爱自己，但千万不要过度迷恋自己。过度迷恋自己的人，大多有炫耀倾向，除了出入奢华地反，把自己打扮靓丽之外，还要无时无刻提醒身边的朋友，自己是多么时尚、有品味，又有多少人排队等着他怜爱。这些人活在自己的世界里，像个脱离现实的陶瓷品，只是这陶瓷品到底是良品还是赝品，恐怕只有他自己心里最清楚了。

尊重的艺术：请把你的目光放在另一半身上

出门约会，走路时你的目光会一直寻找镜子吗？其实不论男女，都应该多花一点时间，把你的目光放在另一半身上，毕竟出门并不是走秀表演，没有人会多看你一眼，只有另一半真心的笑容，才是你该欣赏的最美风景。

信任男友，就别乱打翻醋坛子

两

人的感情若是建立在不信任的基础上，一方胡乱吃醋，会带给另一方不少负担与困扰，这就像随身带着一颗不定时炸弹——你明知道这颗炸弹是你心甘情愿带在身边的，但又不希望它引爆时伤及无辜……

偶尔会听到男生朋友抱怨："我的女友超爱管我的，每件事都要打破砂锅问到底！"还会边说边露出很无奈的表情，虽然往好处想，至少女人是真的在乎他们。只是，这样的在乎是不是有些过了头呢？

有些女生总是很紧张，觉得男友出门就是要偷吃，男友接到女生电话就是和她搞暧昧，男友不接自己电话就是在乱来，整天疑神疑鬼，累坏了自己也伤害到别人。这是因为她们天生没有安全感，因此只要看到情人手机来电或者一张照片，都会警铃大响、捕风捉影，开始胡乱猜测，逼迫情人讲出个所以然来，至于她们到底想听到什么回答，没人知道，因为在她们的想象中，男友一定背叛了自己。这样的无端怀疑，会令对方产生不舒服的感觉。就像交往时一直打破砂锅问到底，不论什么事都要问清楚，这样的压迫感也是会引人反感的。

恋爱中的女生常会问对方这个问题："你爱我吗？"男生如果回答"爱"，女生会接着问："那爱有多少？""如果打分数满分十分，那你爱我几分？"或者"如果我和你妈掉进海里，你要先救谁？"诸如此类的问题不断逼问下去。其实这些问题真的无解，因为如果连一个人是否爱你，你都必须时时刻刻地盘问才清楚，那么到底是这个人不够爱你，还是你不够相信自己值得他爱？

阿硕有一次和我聊天，聊到女友就开始摇头，他说女友什么都好，长相、样貌、谈吐都不错，唯独个性方面有一点不好，那就是只要阿硕一出门，她的疑心病就开始发作，除了电话连环 call 之外，还会自己幻想假想敌。她对阿硕手机通讯录里的名单记得一清二楚，不管是家人朋友，或是同窗多年少有联络的老同学。她还会时时刻刻检查阿硕的手机通讯录里是否有新增对象，只要有陌生名字出现，马上会被她逼问——男生会被她质问身家人品，女生更惨，从高矮胖瘦、年纪职业，到认识多久、有没有单独吃过饭等，包罗万象的审讯让阿硕觉得很痛苦，好像每多一个朋友，就多了一个负担，而女友这种紧迫盯人的方式也让他喘不过气来。

吃醋是人的本能，少许醋意可能会让两人感情更好，但如果次数太多、反应过激，就会提高两人的摩擦几率，久了自然影响两人感情。很多人以为吃醋就代表不信任，其实不尽然。有时候你明明就知道男友在你身边，与他对话的那个女孩子你也认识，聊天记录你也看过，也明白什么问题都没有，但你就是吃醋。那是因为你想要完完整整地占有一个人，于是任何想要接近他的对象都被你设为假想敌，我想真正的原因是因为你不相信自己。

两性关系中真正要重视的，其实是了解对方真正的想法，信任彼此，如果你一直踩在对方的底线上，自然会让对方失控。

当你能尊重对方、了解两人相处应该给彼此适当的空间时，就能避免争执，保留各自的秘密。就让我们将自己的秘密保留在自己的私人空间里，互不过问，也不要刻意去猜。

我曾经看过一段话："一段婚姻如果建立在你必须不停地问自己老公'你在哪里'的话，那么这样的爱情有意义吗？需要频频查证的爱情，不累吗？打开笼子，放他自由，会飞回来的才是你的，不是吗？"浅显的道理，却道尽了感情的真相，或许这句话可以当作所有男人女人的爱情座右铭吧。

尊重的艺术：信任男友的眼光

我曾经看过一项调查——男生最不喜欢的女生类型，排名前三的分别是：爱吃醋的、爱打破砂锅问到底的和有疑心病的。以上三点说穿了，就是完全不相信男友，总以为男友不会把心放在自己身上，所以才会想以男友一句『我爱你』来让自己心安。对于这样的情况，还是要试着多灌输自己一些积极的观念，告诉自己，那些自己最害怕的事情，根本就不是男友的择偶条件，因为如果你相信自己的眼光，就应该相信你喜欢的人并没有那么肤浅。

当你的性感引来有色的目光……

在路上常会看到一些年轻女孩，穿得很性感，毫不吝啬地展现自己姣好的身材，但如果你和另一半外出逛街，是否想过，当你用暴露的装扮吸引路人目光时，另一半会作何感想？

女生会好奇，自己该以什么造型出现在男人面前呢？其实我会这样向询问我的朋友建议：假设把你平常最喜欢的穿着设定成70分，再往上加个10分，就是适合出现在男人面前的造型，因为90分的造型是要留给特殊纪念日的，至于100分的造型当然要留给一辈子只有一次的婚礼了。所以，平时的约会80分刚刚好，穿着得体，妆容素雅即可。要知道，不是每个男人都喜欢女友特立独行的，在男人眼中，选个温柔耐看的女生做女友比爱穿爆乳装的辣妹更好。

或许有些女人的性感装扮只是为了展现自己的优点、吸引他人的目光，增加更多自信，然而太过暴露的打扮，其实在众人眼中并不恰当。根据法国《费加罗报》公布的一项调查显示，50％的法国人认为现在的女孩子穿着比以前更加性感暴露，36％认为这种暴露有失体面，有伤风化。性感的穿着、挑逗的仪态，这种被称为“洛丽塔现象”的流行热潮引起了广泛的社会讨论，穿着低胸露肩衫、超短裙走在街上的妙龄女子吸引了众多人的目光。但如果其中一个妙龄女子是你的女友，你会像以前一样觉得大饱眼福，还是醋意满天飞地希望女友多穿一点，巴不得马上把偷看的男人眼睛都遮起来？

男人是单纯的感官动物，爱看打扮得光鲜亮丽的女人，但这不代表女人爆乳就能够吸引到条件不错的男人。毕竟，男人爱看街上袒胸露背的女人，但却不会想把这种女生娶回家。男人喜欢的不一定是百分之百的裸露，一点点的露肩或是展现锁骨线条就很迷人，这种只露一点的性感是最引人遐想的，露太多乳沟反而会适得其反，男人可能会偷偷将你定位成很会玩的辣妹，而不是想要追求的女友。

B 女的感情路很不顺遂，找上门的男人通通都是很会玩的，一夜激情过后，这些男人总是拍拍屁股就走人，再不联络。“不是都说男人喜欢性感美女吗，怎么我的感情运这么差？大胸和翘臀有什么用！”B 女这样自暴自弃地说。

原来 B 女每天都穿着同样的爆乳装，衣橱一打开，花色剪裁都雷同，给别人做一件衣服的布料，大概可以给她做十件。不仅上衣，短裤也是穿上会露出半截粉嫩蜜桃的长度，这样的外在形象，加上三天两头跑去酒吧夜店寻求慰藉的行为，在男人眼里，其实早就被打上“不怎么样”的负面标签。

如果我们用穿着太过暴露、喜欢跑夜店来当作审视一个人的人品高低标准的话，当然是有失公允的。但我们必须先了解到，为什么这样的穿着和动作，会让人联想到负面的形象？你把自己摆在这样的位置时，别人自然也会用相同的方式对待你。你穿得那么暴露，他们自然以为你是个对暴露性感无所谓的人，也很容易就把你的性感解读成对性的渴求。当你常去酒吧消遣，他们以为你是想排遣孤独的空洞，或是为了钓不同的男人满足自己的性需求。这些讯息不时从你的穿着、你的行为透露出来，被吸引到的，自然也就是对这种穿着、行为有兴趣的男人了。当然，重视这些的男人接近你的企图为何，我想答案你已经很清楚了。

有个学弟和我聊到女友的穿着打扮时，说自己无法理解为什么女友总是要穿低胸上衣，让街上所有的男人眼睛都吃冰激凌？他不明白到底是自己的想法太保守，还是女友的穿着打扮太超前。

其实很多男人都有这样的心路历程：自己对女友的独占欲比较强，不想她在外穿着“清凉”的服装，也因为独占欲的原因，如果她穿太少，被哪个路人多看几眼，说不定会因此引起争吵。这种情况很常见，女生穿得少了，男友就会以为她是故意招蜂引蝶吸引路人的有色眼光，至于女生，或许她自始至终都只想着“因为这样穿能让我觉得舒服、自在”。当女生的想法与男友的想法背道而驰的时候，就是地雷爆炸的时候了。

只要是男人，多半都会有占有欲，因此很多男人都会对女友说：“如果今天你要穿爆乳装，就在家穿给我看吧。”因为交往的情趣就在于独享，平时出行可以打扮漂亮，但不需要过度暴露。而且女生们要明白，在展现青春美丽的同时，也要顾及另一半的想法，免得让他为你的受欢迎而提心吊胆，日后出现问题可是得不偿失的。

5

尊重的艺术：多穿一点，智慧跟着多一点

性感并不是以暴露程度来衡量的，女人的美丽靠的是带一点优雅、聪明，又不失俏皮的感觉，如果你以为身体露越多就越性感，那你就大错特错，暴露太多的结果，只会被人嫌弃品味低俗——你以为是在市场摆摊卖肉吗？

在性关系中，他开心不等于你开心

爱需要的不只是肉体的契合而已，更多时候，你没发现的小细节、你没注意到的对方的感受，才是你该认真考量的。别把性爱时间的长短和次数当成满足另一半的说辞，完事后的一句问候，其实就能将精神层面的性爱契合程度提升到超越肉体满足之上。

记得很久以前看过《色戒》，对戏中男女主角高难度的性爱姿势印象深刻，他们激情拥抱，仿佛世界上只有他们两个人一般。导演之所以会安排这样一场令人脸红心跳的激情戏，也是为了表现当间谍女主角爱上了汉奸男主角，在原本该是敌对的关系中，两个人却在激情中找到了相互依偎的理由。

如何维系和谐的性爱关系也是爱情中重要的一环，因为在那过程中，你们交缠的不只是身体，还有精神。有报道指出，在婚姻生活中，如果性爱契合的话，发生外遇的几率也会比较低，双方投入到性爱中的热情越多，精神出轨的几率就越低。

的确如此，如果在性爱关系中，只有一方享受到欢愉，而另一方却食之无味，长久没有对等的性关系的话，自然会让不快乐的那一方提不起劲，甚至拒绝发生关系。

知名的性爱专栏作家 Tracey Cox 说：“当你和他都能够把步调放慢，全心去体会当下每一种刺激时，相信你们能够体验到真正的快感，而不是随便胡乱抚摸一把，急着变换各种姿势，匆匆结束原本应该美好的性爱。当两人能更用心之后，头脑的思想就可以跟身体的各种感受同步，让触觉、听觉、视觉、嗅觉和味觉都变得更灵敏。”

很多时候，女人对拥抱的渴求，胜过真实的性行为。女人明白男人要有生理需求，当她深爱这个男人时，自然会因为爱他愿意付出更多的自己。即使在这个过程中，两人的快乐程度不同，女人仍旧可以隐藏自己的心事，默默地忍受。因此男人应该要试着去了解女人是否快乐，而非只顾让自己得到爽快。有个朋友就遇过所谓的“冲刺男”，在性爱过程中丝毫没有考虑女生的心情，只会一味地反复动作，好像在参加什么节庆演出一样，这种表面式的性爱其实根本无法让女生的内心得到满足。

还有一种是只顾自己开心的男人，前戏草草结束不说，正式上场也只顾自己的感受，办完事倒头就睡，连事后的拥抱和亲吻都吝啬给予，这类男生也是女生心中的拒绝往来户。亚洲的男女不太习惯把这方面的感受和最亲密的人沟通，因此很多保守的情侣即使交往多年，在性关系上仍旧不契合，这样长年下来，做爱次数只会越来越少，两人在心灵的交流上，也会变得生疏。

如果在做爱过程中，你把不开心都隐藏着，时间一久，对方其实也能够发觉，因为经过肢体的碰触，会很敏感地感知到对方的情绪，因此不妨把自己的感觉透露给情人，让他了解你喜欢哪些方式，让他照顾你在这过程中的所有感觉。当这样的情感桥梁建立起来后，性关系的契合度一定会大幅提升，甚至可以合力创造两人前所未有的惊喜。

记住，性关系的美好不只在于你个人的感受，你开心绝对不代表情人也开心，试着放慢速度，让两人一起感受美好吧。

尊重的艺术：温柔性爱，拒绝『冲刺男』

如果在做爱的过程中没有感受到丝毫的爱意，那么这只能算一次激烈的运动，整个过程就像毫无情感的拉筋、运动和流汗罢了！说穿了，就是『爽到你，艰苦到我』！

别把另一半当作感情的替身

不论是谁，都希望当个独一无二、无可替代的人，尤其是在感情世界里，被当成旧情人的替身是最可悲的事情。没有人愿意被当成替代品，当你在她身上找寻旧情人的身影时，已经伤害了她的心。

“仔细看看，你和她有着一样深邃又清澈的灵气呢！”朋友给我看她男友的前女友照片，我像发现新大陆一样地惊呼。朋友听了脸色一沉，不是很开心，因为交往以来，男友一直不够热情，常常会发呆，像是在找寻什么，却又找不到似的。朋友问他为什么这么爱发呆，他说是因为累的关系；问他为什么假日不想出门，他说他想休息。所以交往期间，两个人几乎都在家中度过，朋友看着男友发呆，陪他看电视，就像个默默陪伴的影子，很乖很安静，但也显得非常寂寞……

两人交往的这一年中，朋友很没安全感，她不明白男友到底爱她有几分。每次问男友这个问题时，他总是说：“感情是需要时间的，我们才交往没多久，我无法回答这样的问题。”而如果又问到男友的前女友时，男友就会脸色一沉说：“这无法比较，她和我交往很久，如果从时间上来看，当然是比较爱她……”每每听到这样的回答，朋友都心如刀割。后来又听到大家说她和男友的前女友有点儿神似，她心里大概也明白，或许男友在找个相似的人。

果然，两人交往一年后，男友突然提出分手，她不明就里地被甩了。又过了两个月，她在 Facebook 上发现，男友和他的前女友复合了！这应该是对女人最大的打击吧！你知道你始终赢不了藏在男友心中的那个她。朋友偷看过男友写给前女友的信，真是句句热情，而给她的信，句句简短扼要，仿佛多讲一句话都会让他窒息一样。一段感情中最可悲的事情是，你发现你从来就不是他心中的最爱，就连两人交往时也不是。你陪他度过了感情的间歇期，你像是和另外一个女人共同拥有一个男人一般，只是你一直是个影子，只能默默在黑暗处独自垂泪。

他所有的爱都给了前女友。和你在一起时省吃俭用，说要省钱；然而和前女友交往时，却请她吃昂贵的料理、买名贵的保养品。为了她出手阔绰，是因为在爱面前，钱并不算什么。所以，你只是个路过的人，刚巧也站在这条街上，你见证了他们的每个时刻，却无法发出任何声音，任凭嫉妒、怨恨聚集。

说原谅太难，但也只能让自己学会释怀，毕竟在交往期间，男友的房间里还摆满前女友的照片和物品。一个男人如果还留着这些东西，就说明他对这段感情以及这个女人还没有忘怀，这段感情在他心中必然占有很重要的地位。

你只是很失望、落寞地想着，无论你怎样努力地对这个男人好，还是无法将他的心抢过来。因为从一开始，男人就没把你和前女友摆在一样的位置，等到分手了，还“仁至义尽”地对你说：“我们还可以当朋友。”但其实这句话的潜台词就是，“我们自始至终就只是朋友。”他可以失去一个情人，但不愿意失去一个对他好的朋友。只是这份情，朋友再也不想了！

没有一个女人愿意当爱的替代品。即使再爱，当她明白自己只能是个替代品时，毁灭装置就会生效，她会彻底地把这份回忆连同这个男人一并清除。毕竟你没当她是最爱，她又何必再对你留恋？

尊重的艺术：拒绝当备胎，说清楚讲明白

每个人或多或少都会喜欢固定类型的对象，但是这种习惯若延伸到感情中，很有可能会因此把下一任的情人当成上一任的翻版。不管是外表或个性有多相似，你总该分清楚，感情的世界中只有单一选项，不该把别人当备胎。

当你从朋友口中听说了你的床上情事

很多男人都爱大聊床第之事，但你要明白，即使面对的是无所不谈的好朋友，也不能随意分享你和另一半的性生活，这是对另一半最基本的尊重。

爱情也是有隐私权的。情人之间就算再无话不谈，心胸再宽广，你们有再多的恩爱要炫耀给全天下的亲朋好友知道，也不应该把床上情事到处宣扬。尤其是有些男生，喜爱和朋友讨论性爱，在大家聊得兴起的时候，就会不小心把自己和女友的私密情事泄露出去。别觉得这样是逞威风，实际上这会让女生感到丢脸、心寒，感觉自己好像变成了性爱游戏里的角色。

小萍坐在沙发上，抽取着本来满包的纸巾，随着她越讲越激动，那包纸巾也越来越薄。本来和男友交往还算顺利，男友每次和朋友聚会都会带她一起去，因此男友的好友她都认识，甚至也变得像自己的朋友一样无话不谈。直到前些日子在MSN 上巧遇男友的死党，小萍主动向他打招呼，却引来这男生的嘲讽。她觉得有点奇怪，于是深入询问，得知男友会在全部是男生的场合大聊床笫之事。这些男性好友以为私密情事都是她允许男友讨论的，加上和她也算颇有交情了，就以为可以肆无忌惮、大喇喇地当着小萍的面开玩笑。

“这种私密的事怎么能讲？话题有几百种，可以聊音乐、聊电影，聊很多事情，何必聊两人最私密的部分，这样多尴尬！这些人都是要和我相处的人，男友真的太过分了！”小萍气愤不已地说着。

其实这样的例子在每个圈子里都会出现，我的某个男性好友就时常谈论和女友之间发生的趣事，当然，也包括了私密的性爱关系。久而久之，大家听习惯了都以为这个话题很平常，也开始在他女友面前大开黄腔。几杯黄汤下肚，注意力变弱，男生的尺度越来越大，却丝毫没有发现女生的脸色越来越难看。

后来这对情侣在公开场合对骂，女的指责男的不该乱讲性爱内容，但男的认为女生也会在姐妹聚会的时候聊这些，怎么就“只准州官放火、不许百姓点灯”呢？女生气愤回应，姐妹聚会时聊的只是表面，不像男生这样百无禁忌，何况男生总爱在别人面前大肆宣扬性事，对女生的名声很不好。最后大家不欢而散，这对情侣就像陌生人一样，各自转头离开，消失在朋友的面前。

我有许多交情颇深的男性朋友，我对他们的感情史都略知一二，可以说我们无话不谈。但我最怕的就是有些男人无时无刻不在报告自己的感情状况，连床笫之事也不例外，小到两人的频率次数、前戏营造，大到两人的姿势体位，甚至女友的敏感地带都会谈论到。因此我每次听到这群男性朋友讨论的时候，都会暗自猜测，他们的女友知道这样的状况吗？

关于性爱，女人在意的不是大小，也不是技巧，而是这男人是否能守口如瓶！当自己的男人大肆宣传两人的亲密情事时，是很容易流传出去的，因为这就像流传秘密一样，当你把一个秘密告诉别人，这个秘密会循着八卦的轨迹，传了千里之后又回到你的耳中。

千万别因为一时口快就把床第之事告诉好友，或是当有人在谈论时，为了以示友善也傻傻的把自己的事情全盘托出！两个人能够发生性爱关系，就像是把自己最隐晦的秘密毫无保留地告诉对方，当情人没有选择保守这份独享的秘密时，自然会毁了两人的感情。

尊重的艺术：保护另一半的隐私

如果女人在聚会上讨论男友的尺寸以及性能力的话，相信男人一定会非常不悦！同样的道理，男人不该把私密的事情讲给朋友听，毕竟这伤及自尊，对女人而言更涉及隐私！保护情人的隐私权是绅士该有的行为！

第6章

放下的艺术

最极致的爱，是能为无谓的需求寻找一种超脱的处理方式，就像放下许多没有必要的悬念。用这样的逻辑看待两人的关系，才能够让感情的交流显得深刻而自然。

面对爱，当我们准备好之后，就再也不用担心会碰触到对方禁忌的地雷了，因为那些隐藏的火药，早被感情的交融清除得一干二净。

别拿旧情人的好和现任情人作比较

我认识的很多人，不论男性朋友还是女性朋友，都说自己念旧，放不下过去。就算和前任情人分手了，还是会选择当朋友，也还是会愿意时时刻刻缅怀过去的感情。

把对旧爱的感情挂在嘴边反复记诵，这样真的好吗？我常常在思考这个问题。

没错，我们的确应该做到分手后维持自己的优雅风度，向那个无缘的另一半微笑着说 bye-bye，然后把对方的好记在心里。但是，当你有了新对象后，还适合和现任情人分享以前的感情吗？

我有一个男性朋友，对于交往多年的旧情人始终难以忘怀，就算现在已经有了新的对象，两个人的感情也正稳定发展，他还是有意无意地透露出对旧情人的想念。他的新女友原本是睁一只眼闭一只眼，以为他只是还没完全忘掉上一段感情，假以时日这个男人的身体与心灵都将会为她所有。但她渐渐发现，这个男生的“念旧”已经到了令人发指的地步。

比方说，两个人一起到餐厅用餐，男生会跟女生说，以前的女朋友总会打扮得漂漂亮亮的，让他很有面子，成为所有男性羡慕的对象；他还会在两个人一起看电影时，跟现任女友说旧情人喜欢在看电影时让他紧紧牵着小手；还有在家窝在沙发上看 DVD 时，旧情人总会主动端上一壶沏好的热茶，让两人啜饮……可是女生心里想，每个人都是独立的个体，就算是交往中的情侣也有不同的生活习性，为什么总是被拿来和上一个对手作比较？！

一般人总是在新的东西拿在手上时，才惦记旧东西其实用得很顺手，对于感情也是一样。这个案例或许还只是冰山一角，我还听说过更夸张的：男生把前女友的照片、物品摆放在家里，也不顾新女友的感受，一意孤行。后来这些事情再也无法被新女友容忍了，从起初的视而不见，到后来演变成相敬如宾，最后变成像是住在同一个屋檐下的陌生人。因为男生的心中根本就没有现任女友的存在，他要的只是一个“存在的身份”，只是需要有个女朋友。但最关键的，是男生的心中只住着无缘的前女友。

所以，请问问自己，你也是个会把旧情人的东西摆在家中的人吗？合照、衣物、出游的纪念品、共同买回的抱枕棉被……为了一个已经不会再出现在你生命中的人，你身边的另一半是否曾经与你争执过，认为你还是对旧情念念不忘，认为你无法给对方一种彻底拥有的安全感呢？

如果曾经在你身上发生过类似的事情，建议你，把旧情人的东西都收起来吧！丢掉也好，放到储藏室也罢，总之，过去的就让它过去，你该珍惜的，是现在陪伴你的那个人，你该放在心里的，是今晚会和你共进晚餐的那个人。不要以为把食物摆在冰箱就可以永远保持新鲜，即使在零下 5 摄氏度的冷冻柜里，它迟早还是会腐烂变臭的。你该做的是捏着鼻子，把这块腐臭的烂肉丢掉，去超市再买一块新鲜的肉回来。

所以，别再以为可以和现任情人分享旧情人的好了。说是分享，倒不如说是对现任情人的折磨吧？当你把旧爱和现在交往的对象分不清楚时，三不五时提到旧爱的消息和近况，甚至走到一个地方就讲起以前的事情，你这样紧抓着过往的记忆不放，只会埋下更大的情感地雷。分不清过去和现在的人，才是最可悲的！旧情人的存在就像是无形的折磨，会将好不容易建立的信任感消磨殆尽。让新情人心中存有疑问，仿佛平静无波的海面暗地里却危机四伏，只等一个浪打来，便会掀起无数波涛。

爱情的责任在于，当你选择了新情人时，旧的东西就不应当存在。就像是回忆，回忆是存在于脑海中的，虽然我们无法硬性规定你一定要马上忘记，但是将旧爱的影子抹掉也是一种责任感，毕竟现在的你要拥有全新的生活。珍·保罗·沙特有句话说得很好："过去所受的待遇，如今你加以改变，这就是自由。"对于过去的恋情，如果你无法让自己释怀，心无自由，自然得不到幸福。所以，赶紧忘记那位卸任的情人吧！

幸福这条路不好走，你要随时记得你早已拥有的在身边陪伴的另一半，过去的就应当让它过去，否则幸福不会随之而来。

放下的艺术：别老是把旧情人挂在嘴边

如果你还没准备好迎接下一段爱情，那么我建议你，放过自己也放过下一个对象。爱情和友情的不同在于，你可以和许多人分享友情，但爱情的世界很狭窄，一次只能有一个人存在。

一句『个性不合』，就能解释一切？

「分手的理由千百种，你听过最烂的是哪一种？

说不爱很难，但编织不爱的借口却叫人更伤心。一开始的甜蜜誓言到最后变成一堆谎言，如果只是用千篇一律的『个性不合』就想蒙混过关，叫人情何以堪呢？

最常听到恋人分手的理由就是“个性不合”，以为简单的四个字就可以跟好几年的感情以及曾经的回忆彻底告别。会说出这种话的人完全没有了经营这段感情的信心；又或许这只是一种借口，他们懒得再去解释彼此之间无法继续交往的原因；又或许其实是在掩饰自己的心虚，因为爱上了别人，想破头后只好用个最通俗的理由分手。

如果真的有这么不合，那么这些日子的甜蜜又是怎么来的？其实说穿了，这是一种逃避。你希望在分手的时候找出双方的差异点，只是为了掩盖你没感觉或是变心了的借口。你想走一条恋爱的捷径，用这样的借口让对方放弃。因为你心知肚明，只有个性不合才无法再去多做改变，这是天生个性差异所造成的影响，就像烙印在身上的胎记一样，涂抹不掉。

君君最近被甩了，原本说好要一起携手到老的男友说不爱就不爱了，还丢给君君一个最烂的借口——“个性不合”。让君君想不透的是，当初不是男友苦苦追求，交往初期每天都温馨接送的吗？怎么在接近谈论婚事的节骨眼儿上以“个性不合，难以共组家庭”的理由来提出分手呢？到底男友是怎么想的？她无法忘记交往时的甜蜜时光，也不明白这段感情为何结束得如此草率，好像一出喜欢的连续剧明明叫好又叫座，最后却无故下档，连结尾都没有好好交代。君君在分手的半年内像个无主的孤魂一样，不知道失去男友的日子她一个人该怎么过下去。

然而，这些难过与伤痛，男友知道吗？

“是不是自己的个性真的和他不合？以至于男友觉得无法再有相爱的热恋感？”“他是不是已经另结新欢？还是他另有隐情？”君君始终等着男友回头，以为大部分的错都在自己身上，如果男友愿意回头，她是可以为他改变的！

个性温顺的君君以为自己痴心的等待能得到回应，但没想到男友自从分手后对她再也不闻不问。后来是共同的朋友看不下去，才告知君君，其实她的男友早在半年前就和同事在一起了，而且在公司里还不避讳地同进同出，就像热恋中的男女一样。君君听到这个消息后才恍然大悟，后来又看到 Facebook 上面当时的公司出游照片，那个被搂得紧紧的短发美女就是男友的新欢。但是，当时男友明明说是因为这个新入职的小妹很信任他，所以两个人就不避嫌地一起合照……君君总算明白了，无论她怎么挽回、怎么和男友解释，都是无法让男友回心转意的，因为他的心都不在自己身上了。那何必再在他身上浪费时间呢？再撑下去也只是一团烂账而已。

知道真相后，君君反而能够好好面对来了，就像挨了一刀虽然很痛，但还是懂得了要抹药才能快速痊愈。即使这一刀捅得有点突然，但起码无需再浪费时间。清醒了也好，结束久病的疼痛，让这段爱情安乐死吧。

电影《他其实没这么喜欢你》中也曾经出现过类似的情景，

男友打算分手之后，电话连接都不想接，更不打算碰面，一副“你到底想要我怎样”的表情。大概所有热切期盼分手的人都是这样的嘴脸吧，无论男女，当他们忘记当初交往时恩爱的眼神曾经如何感动对方时，说出分手，就什么都不是了！

我还是想奉劝用“个性不合”这个理由分手N次还屡试不爽的人，用最真实的理由也好过这种说辞。起码在最后分手时，给对方一个交代，也算是给这段感情下一个略显遗憾却带点美好的注解！

放下的艺术：用告白的勇气，向对方说不爱

最烂的分手理由就是『个性不合』，如果真是个性不合，一开始为何要在一起？千万不要再说出这种会伤人更深的话了。人家说长痛不如短痛，一刀毙命或许还好过不断牵扯的烂账。

所以，那些还不知道怎么帮感情问题善后的男男女女，一旦看清楚了自己想走的路，就勇敢地向对方说清楚、讲明白吧，当初你不也是用这种义无反顾的态度向他告白的吗？

感情共享，
但秘密只能独享

每一个人的心里都有个角落，不允许任何人逾越，因为这里存放自己的秘密。这个角落里的秘密只适合自己珍藏，而不是共享。无论你是不是他最亲密的人，都应该礼貌性地站在门外，别去打扰，也别妄想破门而入清空他的秘密。

恋爱并不是占有，再亲密的关系也不可能什么都实话实说，要保留隐秘的空间给彼此。以前年纪还小的时候，爱一个人总是想着占有对方全部的时间，想知道别人不知道的事，想要对方毫无保留地爱自己，而且不允许对方有任何的隐藏。然而，跌了几跤之后，你终于懂了，有些情感不一定要透明化。太透明的关系就像两个人赤裸裸地站在镜子前，那种尴尬、羞涩的感觉并不是时间长了就可以改善的。保留一点私密的空间给对方，让他得到喘息的机会，你也有相对自在的空间。

这个道理，凯文还是不懂，或许是他年纪还轻吧。大学刚毕业的他和我曾经有过几次碰面的机会，知道我会在网络上与人分享男女交往的故事。凯文说他从那些故事中得到了一些感悟。对于我的文章能得到网友的认同，尤其能让男性朋友这么喜爱，我当然很开心。后来有一次我就在 MSN 上问凯文，他爱看故事，那么他自己的感情呢？

凯文这时候才婉转地说，其实他的感情也出现了问题，但因为不知道其他人遇到类似状况是如何处理的，所以一直找不到改善的方法。我请他告诉我他和女友的交往状况，他才慢慢一五一十道出口。

凯文说，他和女友其实是通过朋友介绍的。他爱玩网络游戏，刚好之前加入了某个联盟帮会一起打怪，因为这位女生也是个中好手，就被朋友揪来一起练功。大约过了一个月，凯文与她在聊天兼游戏的过程中，发现彼此其实默契挺好，喜欢狗胜过猫，喜欢在所有能吃下肚的东西里撒一堆胡椒粉，看电视只选日本节目，甚至连家里床单的颜色都是同样的亮黄色。在这么多交集的结合下，凯文自然而然和她靠得更近。在交换MSN之后，他更发现大头贴上的她是个娇小可爱的短发女孩，一副青春正盛的模样，很讨人喜欢。

凯文就此和女孩谈起恋爱。好像什么都发展得很顺利，但就只有一件事情会惹得两人不高兴，那就是女孩总是喜欢打破砂锅问到底，而且有冲突的地方，几乎都是关于凯文前女友的事情。

“她总是问，一直逼问，我不得不说。因为不说她会翻脸，结果说了，她还是会翻脸！”他的女友太想知道前女友的事情，不断地想了解他们的回忆，知道太多后又开始比较，最后造成双方不停地争吵。这是许多人都有的毛病，另一半的旧情人到底是何方神圣，这是他们最关心的话题。但是凯文并不是个会把往日情挂在嘴边的人，说到底，还是这个女孩的问题，她太计较自己在凯文心中的位置了，她以为把前女友的身影完全清除之后，她才能完完全全拥有凯文。

很多人都像这个女孩一样，把一个已经不存在的影子拿来当假想敌，但你是否想过，刻意提问，反而会勾出另一半内心对旧情人的眷恋？当你们都应该往前走的时候，你却不时回头看看那个很难看清楚的模糊身影，和她争风吃醋，真的有这个必要吗?

每一个人的心里都有个角落，不容许任何人窥探，这里存放自己的秘密，只适合自己珍藏，而不是共享。无论你是不是他最亲密的人，都应该礼貌性地站在门外，别去打扰，也别妄想破门而入清空对方的秘密，假如你试图挑战，恐怕就会引起不愉快。

因为再浓烈的爱，都需要有休息的时候。就像上学，如果从早上自习时间到下午最后一节课，都没有每小时十分钟的休息时间，再强的铁人也会崩溃，太密集的课更会让人无法集中精神。所以要让情人有个十分钟休息的时间。同样，你也可以用这十分钟好好休息，不用去在意别人的想法。所以停止你过度的挖掘，让你的情人保有某部分神秘的吸引力，太多限制和透明化会让人没有自由的空间。来个十分钟的休息时间，让我们再继续爱吧!

放下的艺术：

多给他空间，感情才能更有弹性地发展下去

给对方保留空间并不难，只是你自己要先弄清楚计较的理由是什么。如果两个人能带着各自的小秘密继续爱下去，这个礼貌的距离反而更能制造弹性延伸的空间。

做自己，不当爱情的无尾熊

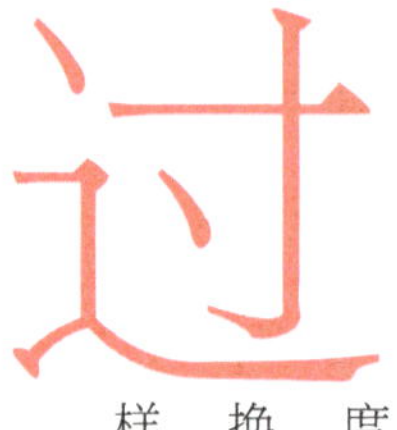

度依赖别人的女生并没有那么可爱讨喜，女生如果连换灯泡都不会，以后两个人生活上肯定会有摩擦，这样还有什么事情是可以做的？

独立是件重要的事情。当你学会独立，又懂得享受孤单，此后遇到爱情，才更知道应该要用什么方式来维护一段感情，也就不容易像溺水的人，以为漂流木可以保命，偏偏海上的大风大浪足以打翻这根木头。

一位心理学家写道，一份成熟、称得上是真爱幸福的恋情，必须经过四个阶段（阶段之间转换所需的时间因人而异），那就是：

1．共存（codependent）：也就是热恋时期，一对情人不论何时何地总希望能腻在一起。（这是要求更多依赖，需要更多相处的时间。）

2．反依赖（counterdependent）：等到感情稳定后，至少会有一方想要有多一点自己的时间做自己想做的事，这时另一方就会感到被冷落。（这是依赖与独立的转折点。）

3．独立（independent）：这是第二个阶段的延续发展。（要求更多独立自主的时间。）

4．共生（interdependent）：这时，和谐的相处之道已经成形，视彼此为最亲近的人，相互扶持，彼此帮助成长，一起开创属于两个人的人生。（真爱情感成熟期。）

一般人都很难躲过第二阶段，因为习惯第一阶段的依赖后，到了第二阶段，一方想要有自己的时间和空间做想做的事，通常另外一方就会觉得被冷落了，开始胡思乱：是不是感情已经变质了，是不是对方移情别恋了，或者自己已经没有值得对方喜欢的条件了，因此造成很多冲突和争吵。

对男人来说，他们更希望感情像可以微波加热又可以冷藏的食品，想吃时就放进微波炉加热，不想吃的时候就放进冰箱保存，也不容易坏掉；但女人却认为感情应该像新鲜食物，需要及时切煮料理，在熬煮时专心看顾，否则就容易煮烂一锅汤！

小雅和阿飞分手已经两年了，姐妹们一直觉得是阿飞的错，因为他突然提出分手然后消失不见。直到小雅最近这次恋爱，也发生了一样的情形——新男友照例不告而别，姐妹们才有所思考。小雅是个不算独立的女生，她投入所有的时间和精力恋爱，什么事情都找男友，每一天谈论的话题也都是男友，甚至每个休假每个空当儿也都给男友。长期下来，不论是阿飞还是新男友都感觉压力极大，他们不像小雅只是小公司的行政总机，接接电话、送送信这么轻松，因此男友总是会开口要求独立空间，毕竟男人在工作忙碌之余还要应付黏人的小雅，的确是非常劳心劳力的事情。

很多女人一谈恋爱就变了一个人，明明自己会做的事情却全部推给男友，她们并不是丧失了能力，而是渴望得到男友帮她们做这些事情的满足感，好像当自己发生了任何事情，男人都可以像个超人挺身而出！一开始男人会因为得到女人的依赖而开心，久了，这样的甜蜜就会变成负担，男人也有自己需要做的事情，不可能时时刻刻在她身边帮她。再说，如果有一天结婚了，难道家中大小事也要老公随时回家处理？所以男人最后总是搬出这样的分手理由："我累了，无法照顾你""这不是我想要的生活，我不是你的佣人"……然后头也不回地离去。

照顾一个人真的很累。何况当女人把所有的爱和生活都放在男人身上时，男人等于承受了两个人的生活重心，不逃才怪！所以，千万别当只会依附男人的小女人，好像没有他，就没有你一样。学会独立也是人生的一件重要课题。不要遇到一些芝麻般的小事就要男友处理，因为每个人都是不同的个体，情人间相处时互相帮忙解决问题的确能让人感到甜蜜的，但如果你过度依赖对方，成为爱情的依附者，这个甜蜜的负担就会渐变成挥之不去的累赘。

当你成为一个让人放心的人，相信你的男友会更爱你。因为你是个可靠的人，在情感上值得他呵护，但在生活上，你是个能独立坚强的人。所以别再当感情的小公主了，家里的灯泡坏了，就搬一张椅子站上去，想想你的男人是怎么处理的，相信你自己，你会做得很好的！

放下的艺术：依赖不是万灵丹

爱情容易使人盲目，也容易让自己的感官知觉与生活能力暂时麻木。你曾经想过多久没自己倒垃圾、多久没自己换灯泡、多久没自己处理死在浴室地板上的小强了吗？如果想要获得与对方平起平坐的地位，你得再坚强一点，自己做事！

为我好，请用行动来证明

正为你好的人，会用真实的行动证明他是对你好，而不是说着为你好，实际上所有行为都是为自己好。只有选对了人，你才有机会得到筹码扳回一局，否则你永远只是赌桌前那个一直输的赌客罢了！

常常有朋友向我求助："我是为他好，怎么他就是不懂？""每件事我都为他设想，怎么他都不领情？"我说，这样的很多个"为他好"，其实会让人不清楚到底是为他好，还是为你自己好。

我有个中学同学，头脑聪明，长相甜美，却总是愁眉苦脸、唉声叹气，我问了才知道，她优秀的成绩都是被妈妈逼出来的，因为妈妈总是说："我是为你好。"只要有一科成绩达不到要求，少一分打一下，害得她每天接到成绩单都要提心吊胆，生怕回家又要挨骂。在这样的魔鬼训练下，她不得不名列前茅。然而，一向优秀的她在高中联考时，意外从第一志愿掉到了第二志愿，只因为有一科考题填错了答题卡的顺序。虽然只是小小的失误，念的仍旧是重点大学，但在她妈妈眼中，这几年的努力简直是兵败如山倒，对我同学来说，也是非常痛苦的精神折磨。

大发雷霆的妈妈骂她让自己丢脸、让家里没面子，又说她这样街坊邻居知道了会怎么想，是不是会说自己没有把女儿教好，以致考不上第一志愿……我同学这才发现，她妈妈最重视的是自己的面子，而不是真的为她好！如果真的为她好，怎么会忍心让她每天都愁眉不展？

到底这些口口声声说为你好的人，是哪里为你好？好像讲出了这句话，不照着做就会对不起别人的好意，只要稍微想反抗就是不对或是破坏别人的关心。有个朋友就说了：“那些整天把‘为你好’挂在嘴边的人，除了这句口头禅以外，可曾确实帮助了别人？”当双方被过度的关心束缚时，其实双方都不开心，照着做可能会违反自己的本意，不照着做又像是拒绝对方的好意，于是进退两难，最后什么也没得到。

感情也是如此。当你听到另一半指着你的鼻子念着“我真的是为你好，你为什么不这样做”的同时，他其实已经把自己的意愿放在你身上了。如果你愿意，大可照他的想法去做，但如果你认为他的想法与自己的心意有冲突，当然要以你的心意为主。在一切都合乎法规的状况下，对方不应该干涉你的生活，因为所有的“为你好”，只是要求你将生活大小事的 A 选项变成 B 选项而已，而不管是感情还是生活习惯，本来就可能是多选题。每个人都应该有自己的生活方式，他希望你照他的话做，好像你是被控制的机器人，只能照单全收。这真的是为你好吗？

A 男的女友喜欢掌控 A 男的花费，嘴上说要帮男人省钱，为将来结婚做打算。她最常说的话就是“我是为你好，先养成储蓄观念，将来才能买房子”，听起来是真的在为 A 男着想，但 A 男明明已经把储蓄投资交给了认识多年的理财专家！被她好说歹说，改让她的表妹负责理财。表面上投资理财的名目不变，但又因为女友坚称自己善于投资，对股票、基金很有研究，所以 A 男只好把积蓄全权交给女友和她表妹处理。结果，几年下来，当初一直说“为你好”的女友，竟然差点赔光所有积蓄。这下 A 男终于知道，胡乱听信女友的话，自己怎么可能会好！

其实，我们听到别人说“为你好”时，内心是知道到底是真的为自己好还是为他们自己好的，然而总是因为觉得这是他们重视自己的表现，就妥协了。我们总是会想：“如果不是因为爱，他又怎么会管我？”“不想因为这些事，破坏了感情，那就照着做吧！”等到真的一步步照着做了，又会陷入迷思之中，这时，你已经被限制住了，就像黏在蜘蛛网上的苍蝇，只能等着被吞食，完全无法动弹。

其实好与不好，很简单就能判断，那就是你开心与否，或是对方为你付出了什么你看得见的体贴关心，而不是整天挂在嘴上的空头支票。如果现在的你遇上了为你好的情人，没关系，请你静下心想想这个情人到底为你做了什么，到底什么才是为你好，要不要百分百听进去，否则空谈那么多，最后只是一堆冠冕堂皇的好听话而已。

放下的艺术：以其人之道，还治其人之身

如何判断别人加在你身上的要求是合情合理的？很简单，如果你反问对方，要他照你的要求改变他的某些习惯与行为，看看他的反应：他是欣然接受，还是百般抗拒？每个人都有习惯的、喜欢的生活方式，在不妨碍他人的前提下，都应该互相尊重，而非一味以为自己做的才是正确的。

爱情的天平永远是不平等的

很多人常抱怨为什么自己爱对方比较多，自己做比较多的事情，为什么总是要包容对方。当你的心态持续不平衡时，感情多少也会受到影响。总是口口声声说爱情无法比较，然而事实却是常常在比较，这样的爱，还会快乐吗？

爱情有时候就像是失衡的天平，你所站立的一端，上面放着的砝码少得可怜，无法维持两边的平衡，只能不断地往另一边倾倒；有时候又像一座倾斜屋，置身其中的你奋力站在角落，用手顶着墙壁，试图抓住任何能支撑你的东西，避免因为失衡跌倒在地。

谈过几次恋爱之后，我越来越感到相爱的时候，纵使两个人都说爱得很浓烈、很彻底，但更多的时间，我总觉得爱情架构出来的，是一座看似兼顾两方实则不断倾斜的屋子，有时也像是一人站一边的天平，不知道谁轻谁重，只能摇摇晃晃祈祷能维持短暂的平衡。

面对爱情，我们难免恐慌，于是对恋爱的需求程度越来越高，于是渴望全然了解恋爱的步骤，制定许多原则和规定，照着自己的期望走，哪天这模式失衡了，就无助不安，失去了往常的冷静。

Michelle 是个条件甚佳的女生，以往她遇到的男人总是死命地把她呵护在手心里，非常吃得开的她以为会是所有男性的杀手，直到她遇见了 Tom，一个极有魅力的男生。因为 Tom 的受欢迎，加上 Tom 有一股迷人特质，这点与她之前交往的男性有所不同，她再次陷入了爱情旋涡当中。但这次，Michelle 却老觉得自己居于下风。Tom 仿佛有股巨大的魔力，在他面前，Michelle 总是无法让 Tom 对她千依百顺。而 Tom

完全吃定了 Michelle。她觉得自己像是站在天平上，时时刻刻都担心这段爱情会倾斜。

她总是乖乖在家期盼 Tom 的来电约会，每一次的碰面总要盛装打扮，像个小公主一样，但她心中隐约有一股不安，认为 Tom 并没有把这份感情看得很重。因此，她常向 Tom 抱怨，不开心地闹着别扭，Tom 总是问她："难道爱一个人，一定要时时刻刻等候才叫爱情？为什么一开始的你就像独立的水仙一样，亭亭玉立，陷到爱情中却变成含羞草一般，轻碰就垂下，丝毫没有反击能力？"是啊！没有所谓的标准平等的爱。当你把自己放在什么位置，你就会得到怎样的爱！

在爱情中，很多人会遇到上述状况，并抱怨为什么自己爱对方比较多、自己做比较多的事情和为什么总是要包容对方。当你的心态持续不平衡时，感情多少也会受到影响。有些人总是口口声声说爱情无法比较，然而事实却是他们常常在比较，拿自己和对方比较，拿以前情人和自己比较，拿爱的多寡比较，但这样做，不快乐的只会是自己。所以，认真思考你对爱情的需求重点是什么吧，等到你真正放下对爱情无谓的执着时，你才能得到对等而安稳的爱。

6

放下的艺术：别跟对方要求对等的爱

到底所谓的平等有多重要？你感觉到了平等，就能幸福吗？还是说这样的感觉就是幸福？爱情的深浅是一种感觉，是靠心去体验的感觉，所以你所追求的平等，会不会也只是虚无缥缈的影子而已？

爱情不是谍对谍的游戏

很多恋人会有『爱情至上』的观念，对于爱情，他们态度专注、信仰忠诚，全心全意付出到无法理解的程度。这类情人通常有侦探级的大脑，会密切掌握对方行踪，知道对方跟哪些人见过面。追踪情人对他们来说是家常便饭，但很容易走火入魔……

你是个无法接受另一半不在你面前超过两小时的人吗?是不是在他的上班时间也想着他，无聊时就发短信或敲敲他的MSN？是不是当他下班后，你们还要煲电话粥，睡觉前的两小时都是你倾吐爱意的时间?是不是能和他见面，能和他讲情话，只要满脑子都是他，就可以什么都不要了?

很多女人在恋爱中，都会发展出一种幻想状态，轻则数小时，重则一整天，当男友不在身边的时候，只要一找不到人，两小时后他的手机必定塞满了短信、留言以及未接来电。这种紧迫盯人的方式有时会让人感到压力，那么你自以为的浪漫就成为对方的负担。

将恋爱视为生活重心的女人总是疑神疑鬼，原因是对情人的不信任和对自己的不自信，所以才会想要掌控对方的行踪。其实，这些行为正反映了你心中的自卑。当你越觉得自己能力不足的时候，就会越想掌握你有把握做的事情，例如监管对方的行踪。因为不安，所以你想借由手机通话来确认对方是不是在你知道的地方，就算你不清楚他在那个地方做什么事，但至少你也因此得到了参与感，而不是完全被晾在一旁。但如果电话没接通，你会开始怀疑——这是对自己不信任也对对方不信任——猜疑对方是不是一旦离开了自己的视线就会从此不回头。

丽香就是朋友群里赫赫有名的爱情侦察员——嫉妒心极强，非常爱吃醋。她对男友孟翔的紧迫盯人已经到了孟翔也拿她无可奈何，只能麻木以对的程度。除了对孟翔，她对历任男友的监控也是滴水不漏。

她每天会打十通以上电话给孟翔。只要孟翔不在身边，她就会像侦探一样，开始盘问对方在哪里、几点下班、什么时候开始休息等问题，还规定孟翔不能和异性朋友讲话。她死命地黏着孟翔，不论是平时或是假日，孟翔都不能拥有自己的空间。

对丽香来说，电话查勤只是基本款，她从不觉得知道男友到底在哪里、做什么事有什么不对，所以就算是在各自上班开会的时间，丽香还是会偷偷发短信给孟翔，有时得到回复，还得在严肃的会议场合掩饰自己藏不住的笑意。其实孟翔只是不得不回复，因为以前就曾经发生过漏接丽香电话一整天，而被她念叨了整整一个星期的事情。丽香根本不理孟翔说的那天因为手机没电才没回拨的理由，理由对她来说都是借口——真心爱她的话，当然会记得做好万全准备。后来丽香就规定，每天外出上班要带着充电器。毕竟丽香就是认为爱的连线不能随时中断啊！

孟翔算是好脾气的人，一般男生遇到丽香这样的，可能会当场发飙吧！丽香完全把工作场合看成自家活动室，想发短信就发短信，想打电话就打电话，不管对方到底是不是在忙，只顾自己。但像丽香这样的女性为数不少。她们知道这样的查勤会给男友造成什么困扰吗？同事会不会觉得她的男友在混水摸鱼？上司会不会觉得他只知道和女朋友甜言蜜语，不注重工作？

生活中的确有很多像丽香这样的女人，因为深爱对方，不能忍受被忽略的感觉，于是不停地想要掌握对方的行踪，认为自己的监控行为合情合理，喜欢夺命连环call，以为这样就可以防止出轨偷吃，但实际上却适得其反，不仅影响情人，还会影响周遭的朋友，容易让人喘不过气。

如果你像丽香一样有重度的不安全感，请试着告诉自己，将重心转移。要懂得将自己放在比对方高的位置，别把对方当成唯一的重心。爱是重要的，但不应该是你生命中的唯一。所谓的没有安全感，有时候是自己造成的，因为信任就像建筑物的水泥，需要一层层地往上堆砌，才能构筑稳固的外墙！

你的感情不需要依赖得知对方的行踪来完整，回归到最真实的自己，你不信任的，其实是你自己。让情人窒息，感情又怎么能够存活？

放下的艺术：别把对方当成无法放开的宠物

对方工作时，千万不要夺命追魂call，也别总是在他上班时间打扰他，短信也不能多发，因为这些都会让他分心，影响工作表现！交往重在交心，只用行动约束对方，就像不能松开的宠物牵绳，时时刻刻都得绑住才能心安，这样的方式是错误的，因为你的宠物也希望偶尔能脱离牵绳，在公园自在地奔跑，需要呼吸新鲜自由的空气。

又一个季节过去，爱情到了年度结算的日期。

空着心盘点过往残存的余温，还留下多少让人留恋的记录？

每只爱情的倦鸟，都需要一座躲避寒冬的避风港。

我没有飞檐走壁的能力，只能脚踏实地恋着你。
在原地守候，定睛贪看你的温柔，
下一秒的门铃声响，你能允许我飞奔到你怀里吗？

将爱延伸成满山绿野
一座闲人勿近的秘密花园

一道心锁扣住了我们，谁都没有率先逃离的勇气。

爱与不爱的罪恶感在恋人之间渲染成滔天的谎言，

你能否扪心自问，是否放弃上诉的权利，甘心走入爱的牢狱？

We get to travel the
way a tourist
doesn't. We get to
be insiders. On a
snooker room and
the kitchen are like.
THE POLAROID BOOK

试图在城市里寻找爱情的身影，

这是你远去之后，我不得不养成的习惯。

习惯一久，连听人说爱，都显得孤单……

将你的爱扶植成不可碰触的仙人掌。

你说当我在沙漠中犹疑，能轻易剖开你的真心汲取爱情。

我笑着收下，只让这句话成为往日的海市蜃楼。

3

我让出了你心中的那个叫“最爱”的位子，冷眼看你欢迎下一位来宾，
入座的那个她是否会坐在我习惯的地方，
取代我留下的温度？

恋人的祷告是一则末日来临前的天方夜谭，
上帝垂怜的目光无法降落在我们身上，
是爱情的原罪使我们就这么无止尽地轮回，
直到放下姿态，成为彼此心中的魔鬼。